WohnNostalgie

WohnNostalgie

Antiker Charme
von Edel bis Trödel

CHRISTINE COMTE

FOTOS
PIERRE ELMERICH
CHRISTIAN SARRAMON

CHRISTIAN VERLAG

INHALT

Einführung

Die Dekoration eines Hauses beschränkt sich nicht einfach auf einen Farbanstrich oder ein paar an der Wand aufgehängte Bilder. Um ein Interieur schöner zu gestalten und ihm mehr Eleganz zu verleihen, kann man genauso Maßnahmen vornehmen, die den Raum dauerhaft verändern: ein Kamin, eine alte Badewanne, Steinfliesen für den Boden, Wandfliesen im Stil der 1930er-Jahre, Türen und Fenster vom Anfang des 19. Jahrhunderts oder sogar ein Dach aus 100 Jahre alten Ziegeln. Das alles können Sie – wenn Sie sich ein bisschen Zeit nehmen – bei Händlern historischer Baustoffe, in Antiquitätengeschäften oder sogar auf dem Flohmarkt bei sich im Viertel finden.

Diese »Sonderausrüstung« hat den Vorteil, dass sie mit dem Haus verschmilzt und schnell zum integralen Bestandteil der Einrichtung wird, doch die Medaille hat auch eine Kehrseite: Wenn Sie verkaufen, müssen Sie das Inventar genau kalkulieren. Doch wenn Sie den Geländerknauf aus Kristallglas oder die Schwanenhals-Wasserhähne mitnehmen wollen, sollten Sie das vor dem Verkauf schriftlich festlegen.
Schließlich sollten Sie noch wissen, dass die Ausstattung eines Hauses mit Einrichtungsgegenständen aus alter Zeit weder unmöglich noch finanzieller Wahnsinn ist. Manches alte Material ist günstiger als das moderne. Mittlerweile sind Händler historischer Baustoffe und Antiquitätenhändler in allen Gegenden anzutreffen und bieten eine reiche Auswahl an Materialien. Hier einige Ratschläge, damit alles problemlos gelingt:

- Bevorzugen Sie Ihre Region: So haben Sie eine breitere und besser auf Sie zugeschnittene Auswahl und eine größere Chance, typische Materialien aufzustöbern.
- Besuchen Sie mehrere Adressen und vergleichen die Preise. Die eine oder andere Ausstattung kann zudem Anregungen für Ihre zukünftige Einrichtung liefern.
- Kaufen Sie Ware in gutem Zustand: Die Restaurierung ist oft teuer, besonders bei Arbeiten am Mauerwerk.
- Manche Trödelhändler kümmern sich um die Restaurierung, ein Service, der zu Buche schlägt, aber sehr interessant sein kann, vor allem, wenn Sie kein erfahrener Heimwerker sind. Alte Türen zum Beispiel können restauriert, neu zugeschnitten und mit einem Dreipunktschloss ausgestattet werden.
- Falls Sie in großer Menge kaufen (Ziegel, Fliesen), fragen Sie Ihren Händler, ob er auch genau über diese bestimmte Menge verfügt. Nachträgliches Ergänzen kann zum wahren Geduldsspiel werden. Denken Sie auch an Bruch: Planen Sie 10 Prozent zusätzlich für den Fall aller Fälle ein.
- Wenn Sie sich von einem Handwerker helfen lassen, nehmen Sie ihn mit, sobald Sie ausgewählt haben, um ihn nach seiner Meinung zum Einbau zu fragen.
- Manche Betriebe bearbeiten alte Materialien nicht gerne, denn sie entsprechen nicht den modernen Normen: Wählen Sie einen Handwerker, der sich mit Altem gut auskennt.

Titelseite

Dach aus alten Flachziegeln, Sprossenfenster, Eingangstür aus verziertem Holz: Materialien aus alten Zeiten verleihen diesem Wohnsitz seinen Charme.

Inhaltsverzeichnis

Geländerknauf mit Facettenschliff. Die größten Kristallfabriken Europas haben einzigartige Modelle hergestellt.

Gegenüber

Wegen seines geringen Gewichts und seiner Widerstandskraft wurde Zink seit Anfang des 20. Jahrhunderts sehr gerne verwendet, speziell für Dekorationen am Dach.

AN DER HAUSTÜR

Haustüren symbolisieren den Übergang zwischen draußen und drinnen, zwischen Außenwelt und privatem Raum.
Sie sollten an die Fassade angepasst werden, deren wichtigstes architektonisches Element sie sind und Lust machen, ins Innere des Hauses vorzudringen. Schon immer galt ihnen die besondere Aufmerksamkeit der Baumeister.
Waren sie im Mittelalter noch monumental, später dann kleiner, raffinierter dekoriert, sind sie im Laufe der Zeit mit einer Vielzahl von Accessoires ausgestattet worden, um den Eingang noch einladender zu gestalten: Eine hübsche, von Balustraden gesäumte Freitreppe, eine Medici-Vase, die an der Seite einer Stufe eingelassen und bepflanzt ist, ein Vordach, um sich vor schlechtem Wetter zu schützen, schmiedeeiserne Laternen, die den Abend erhellen, vor Sauberkeit glänzende Schilder, ein Fensterchen, das von geschwungenem Gitterwerk geschützt wird, eine Glocke, um die Ankunft der Besucher anzukündigen, schön gestaltete Schlösser oder ein Briefkasten. Es gibt viele Gelegenheiten den Eingangsbereich persönlich und dekorativ zu gestalten.

1.

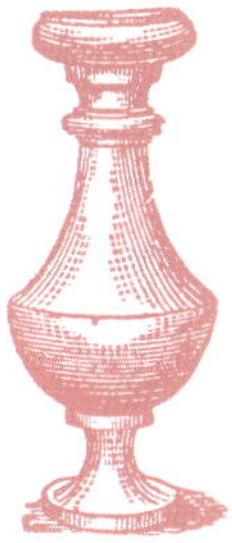

2.

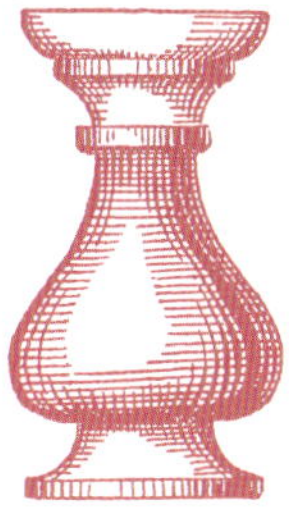

3.

4.

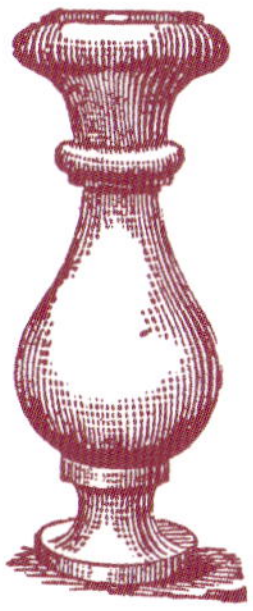

5.

6.

Vortreppen und Baluster

Im Mittelalter war die Vortreppe noch Symbol für herrschaftliche oder bischöfliche Macht: Von ihr aus sprach der Vogt Recht oder predigte der Bischof. Im Lauf der Zeit wurde sie zum bevorzugten Ort für Empfänge, eine Öffnung zum Haus hin.

Die Freitreppe war bei den nordischen Völkern eine Aufschüttung von Steinen, auf die der Stammesführer sich setzte, ein erhöhter Platz, der den Eroberern vorbehalten war. Römische Imperatoren hielten von einer Freitreppe aus die Ansprache an ihre Truppen. Später, im Mittelalter, behielt die Treppe ihre ganze Symbolkraft: Die Gemeinden stellten Vortreppen vor ihren Rathäusern auf, auf denen die Vögte Gericht hielten. Alle Paläste übernahmen sie als Zeichen herrschaftlicher Macht.
Zu dieser Zeit sind sie prächtig, reich mit Balustraden verziert und von mit Blumen gefüllten Medici-Vasen gesäumt. Manchmal banden die Adligen dort wilde Tiere an, damit niemand wagte, sie zu betreten. Dichter ließen ihre Helden dort, als Symbol für einen heiligen Ort, sterben.
Im 19. Jahrhundert wurden dann auch Bürgerhäuser mit Vortreppen ausgestattet. Sie dienten dort eher als Empfangsbereich.

TIPPS FÜR SAMMLER

Man findet Baluster, diese kleinen Steinsäulen, aus denen sich die Balustraden zusammensetzen, bei Antiquitätenhändlern, aber einige sind Nachbildungen aus rekonstruiertem Stein. Alte Baluster sind oft von Moos oder Flechten bedeckt, weisen Sprünge auf, Schmutzablagerungen und Spuren der Zeit. Sie sind nicht so glatt: Ein guter Hinweis, um ihr Alter zu erkennen.

Vorhergehende Doppelseite

Breites Vordach mit Zinkabdeckung und einer Verzierung aus Kreuzmotiven, typisch für das 19. Jahrhundert.

1. Baluster, die als Lampenfüße montiert wurden.

2 bis 5. Kleine Steinsäulen, aus denen sich die Balustraden zusammensetzen. Baluster wurden zunächst von Hand gehauen, bevor sie in Serie produziert und über Kataloge vertrieben wurden. Hier vier Modelle aus einem Katalog vom Anfang des 20. Jahrhunderts.

6. Ein Klassiker der Zeit um 1900: Familienfoto auf der Vortreppe des Hauses.

2.

4.

3.

5.

1. Große Medici-Vase verziert mit Gesichtern und Köpfen

2 bis 5. Zu Anfang des 20. Jahrhunderts waren Medici-Vasen sehr gefragt und schmückten Vortreppen und Treppenaufgänge. Aus Stein oder Gusseisen findet man sie in allen Größen und mit verschiedenen Motiven wie Tieren oder Medaillons verziert, klassisch, eckig oder rund, in Form eines Blumenkastens oder einer Amphore.

Medici-Vasen

Als Gussware, bemalt oder beschichtet, finden sich diese aus Italien stammenden Vasen in allen Größen und Ausführungen. Sie wurden auf der Vortreppe oder dem Treppenabsatz eingemauert.

Medici-Vasen, aus Stein oder Gusseisen, in Form einer leicht verbreiterten, umgedrehten Glocke und verziert mit Motiven wie Drachen, mythologischen Szenen, Obst-, Blumen- oder Weinranken sind oft auf beiden Seiten der Vortreppe, oben auf dem Treppenaufgang oder auf den Pfeilern des Eingangsportals fest eingebaut.

Die Geschichte erzählt, dass Cosimo von Medici im 16. Jahrhundert in Rom eine Vase entdeckt haben soll, deren Motivschmuck den Trojanischen Krieg und das Opfer der Iphigenie zeigte. Er ließ sie für die Gärten seiner Villa nachproduzieren. Im Jahr 1666, gründete Colbert die Académie de France in Rom, um jungen Künstlern die Vollendung ihres Talents in Italien zu ermöglichen. Zweifellos wurden diese auf die berühmten Vasen aufmerksam und ahmten sie für französische Anwesen nach.

Aus bemaltem oder poliertem Guss wurden sie in allen Größen hergestellt: kleine Modelle von rund dreißig Zentimetern Höhe bis zu monumentalen Exemplaren von fast einem Meter.

TIPPS FÜR SAMMLER

Achtung, gefälschte Medici-Vasen sind zahlreich. Um sie zu erkennen, sollten Sie wissen, dass eine alte Vase beim Kontakt mit dem Regen rostet und dass moderne Exemplare leichter sind, da sie oft aus Hohlmetall hergestellt werden.

1.

2.

3.

4.

5.

6.

7.

Haustüren

Türen wurden im Gegensatz zu den Fenstern im Laufe der Zeit immer kleiner. Mit einem oder zwei Türblättern ausgestattet, bevorzugte man Dekore und Materialien, die sich jeweils dem regionalen Stil anpassen.

Vom alten Ägypten bis zum Mittelalter

Die ersten bekannten Türen kommen aus Ägypten: Sie waren rechteckig, ziemlich hoch und aus wertvollem Holz, oft wurden sie von einem Türsturz überragt, den ein Stier ziert.

In den herrschaftlichen Wohnsitzen des Okzidents fiel die Tür sehr groß aus, da sie häufig die einzige Lichtquelle war – die Fenster waren einfache Scharten – und der Türsturz war reich verziert.

Im antiken Rom hatte man ein- oder zweiteilige Türen aus Holz. In Pompeji wurden sogar die ersten Modelle von Schiebetüren gefunden, mit jeweils einer Nut im Boden und im Türsturz.

Im Mittelalter gab man häufig das Datum der Konstruktion des Hauses an, oberhalb der einfachen, schmucklosen Türen, die von einem oder mehreren aus der Mauer ragenden Bögen überspannt wurden. Im Allgemeinen hatten sie die Form eines Spitzbogens, mit Rücksicht auf den Bogengang und weil es schwierig war, ausreichend große Steine für den Türsturz einer rechteckigen Tür zu finden. Auf dem Land wurden sie aus breiten, aneinandergesetzten Brettern hergestellt, die mit dicken Nägeln verbunden wurden. Im 13. Jahrhundert verschwanden die Säulen und Bögen zugunsten von anderen Dekorationen und Figuren, häufig der Skulptur eines wilden Tieres, das den Türrahmen hält.

Klassisch in der Renaissance

In der Renaissance lösten sich die Türen mehr und mehr von der Wand, das sogenannte Tympanon, eine dreieckige oder halbkreisförmige Auslassung zwischen dem Sims und den zwei Giebelpfosten, war zu dieser Zeit allgegenwärtig. Im 17. Jahrhundert war die Tür häufig von einem Holzschnitzer mit einem Basrelief verziert und

1. Bild aus dem 19. Jahrhundert, *Femme assise sur le seuil d'une porte* von Nicolas Eugène Trouvé (1808–1888).

2 bis 7. Ende des 19. Jahrhunderts waren diese Fliesen, aus gebranntem und lackiertem Ton, als Einlassung in der Hausfassade sehr beliebt. Die oft floralen, naiven oder stilisierten Motive in warmen Farben wurden üblicherweise von Hand gemalt.

1.

1. Diese Eingangstür lässt viel Licht durch die Verglasung.

2. Wie im Mittelalter beschlagen und mit einem Türklopfer geschmückt.

3. Diese eingepasste Tür ist von anmutiger Schlichtheit.

4. Abgerundete Tür, von einer breiten Zierleiste aus Stein eingefasst: stilvolle Eleganz.

5. Diese verglaste Tür besticht durch ihre Einfachheit.

Folgende Doppelseite

6. Ein raffinierter Klassiker – bemalt und mit Tierköpfen verziert.

7. Dieser majestätische Eingang besteht aus zwei himmelblauen Türblättern, die von Fenstern durchbrochen sind.

wurde zu einem sehr wichtigen Zierelement der Fassade: Sie war aus massivem Eichen-, Nuss- oder anderem Laubholz gefertigt und passte sich, mit Zierleisten und Schnitzmotiven geschmückt, der Architektur des Hauses an. Im 18. Jahrhundert wurde sie wieder klassischer und war von griechischer und römischer Architektur inspiriert. Man begann, zwischen Einfahrtstor und Eingangstür zu unterscheiden.
In der Mitte des 19. Jahrhunderts erfand man dank des Aufschwungs in der Eisenindustrie Türen mit Doppelflügel, die Tischler- und Eisenschmiedekunst vereinten. Gittertüren erreichten Anfang des 20. Jahrhunderts ihren Höhepunkt.

Beginn der Serienproduktion

Um die Jahrhundertwende begannen Architekten, Türen zu entwerfen: zum Beispiel Modelle im Jugendstil. Die Schmiedearbeiten und Verglasungen im Oberlicht wurden von Voluten, floralen Elementen, Pflanzen, und beliebten grafischen Motiven geschmückt. Die englischen Türen im neo-klassizistischen und im Queen-Anne-Stil, oft in lebhaften Farben bemalt, blieben vom 18. bis ins 20. Jahrhundert in Mode. Sie enthalten einen einfachen, oft von Kupfer eingefassten Schlitz für die Post. Der Beginn des Industriezeitalters ermöglichte die Serienproduktion nach präzisen Normen, um Türen an die Standardformate der Öffnungen anzupassen. Das war das Ende der Kreationen einzelner Handwerker. Diese Kosten sparenderen Modelle wurden nach Stil und Holzart klassifiziert und man suchte sie aus Katalogen aus.

Die Materialien

Türen sind, ob aus massivem, poliertem, lackiertem, getöntem oder unbehandeltem Holz, oft auch in Farben angestrichen, die dem regionalen Brauch entsprechen. Ein weit entwickelter Farbcode existiert in der Provence, wo die Türen und Fenster zum Putz der Fassade passen und die Farben Südfrankreichs wieder aufgreifen: grün oder vielmehr blau. Sie sind oft mit Fliegengittern hinterlegt oder Vorhängen aus kleinen Holzperlen.

TIPPS FÜR SAMMLER

Alte Türen sind leicht zu finden, aber nicht immer leicht einzubauen. Fragen Sie einen Architekten um Rat und wenden Sie sich an einen Händler für antike Baumaterialien. Unter Umständen wird man Ihnen dort auch einen Restaurierungsservice bieten können.

2.

3.

4.

5.

7.

1.

Türklopfer

Im Mittelalter waren die Türklopfer sowohl dazu da, um anzuklopfen, als auch, um Asyl zu erbitten, besonders, wenn sie an den Türen von Kirchen oder Schlössern angebracht waren.

Zunächst waren Türklopfer vom Dorfschmied hergestellte rustikale Stücke, aber mit Beginn des 12. Jahrhunderts wurden sie unter dem Einfluss der Arbeit des Ziseleurs immer mehr stilisiert. Bis ins 17. Jahrhundert waren sie ausschließlich schmiedeeisern, im 18. Jahrhundert dann aus Bronze und später im 19. Jahrhundert schließlich aus Messing und Stahl. Im 18. Jahrhundert verschwanden sie langsam zugunsten der mechanischen Klingeln oder Glocken.

Der Türklopfer besteht aus zwei festen und einem beweglichen Teil. Im 16. und 17. Jahrhundert war der feste Teil häufig ein einfacher, an der Tür befestigter Schraubknopf, auf den der Hammer schwenkt. In der Renaissance wurde aus diesem festen Teil eine schmale Platte, häufig durchbrochen und verziert. Im 17. Jahrhundert wurde die Platte größer und die Meister der Schmiedekunst konkurrierten in Fantasie und Technik miteinander. Einige fertigten übrigens Einzelstücke auf Bestellung an.

Die beweglichen Teile nahmen im 11. und 12. Jahrhundert die Form von Kugeln an, die in Löwenköpfen platziert sind. Während der Gotik wurden häufig Heilige abgebildet, ihre Körper bildeten den beweglichen Teil des Türklopfers. Das Fantastische wurde mit Reptilienfiguren, geflügelten Monstern und Drachen abgebildet.

Im 15. Jahrhundert nimmt der Tierreigen die Form von Löwenmäulern, Katzenköpfen, Wieseln oder Nattern an. In der Renaissance ließ man sich von antiker Kunst inspirieren und Künstler schufen prächtige Modelle in vergoldeter Bronze: Masken von Menschen, Delphine und Frauenbüsten. Im 17. Jahrhundert waren sie reich verziert, die Vorliebe galt dem Motiv pausbäckiger Engel, aber auch Tieren und Gesichtern. Das übliche Material war damals Gusseisen, das ein wenig schwülstige Motive ergibt. Der Régencestil vereinheitlicht die Türklopfer in den Privathaushalten unter den Formen des Rokoko, während im Louis-Seize-Stil geometrische und geriffelte Motive dominierten, bevor der Klassizismus wieder zurück zu geraden, schnörkellosen Formen führte.

Aus dem 19. Jahrhundert finden sich viele Modelle in Form von Frauenhänden, mit oder ohne Ring, eine Kugel haltend oder sogar mit Spitzenmanschetten. Dieses Motiv, das im Mittelmeerraum und besonders in Spanien sehr beliebt ist, hat auch eine Bedeutung: die von Hoheit und Vormachtstellung. Dieses Modell ist das am häufigsten kopierte.

Auch wenn sie eigentlich einem anderen Zweck dienten, wurden die in der Fassade vermauerten Ringe, um Pferde anzubinden, von Handwerkern gefertigt, die ihrerseits die Technik der Türklopfer wieder aufnahmen, indem sie das heiße Metall minutiös formten und es mit ähnlichen Motiven wie die Türklopfer schmückten.

TIPPS FÜR SAMMLER

Türklopfer werden oft und gerne kopiert, besonders die Modelle in Form einer Frauenhand. Reproduzierte Modelle erscheinen oft glatt, ohne Schlag- oder Gebrauchsspuren und haben ein deutlich sichtbares Gussprofil. Im 17. Jahrhundert waren Türklopfer vorwiegend schmiedeeisern; im 18. Jahrhundert aus Bronze; mit dem Beginn des 19. Jahrhunderts gab man die Bronze aus Kostengründen zugunsten von Gussware und Kupfer wieder auf.

2.

3.

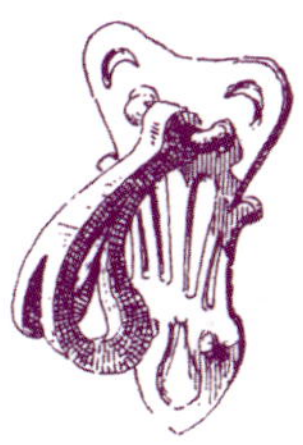

4.

1. Die Platte des Türklopfers war oft reich verziert und wurde von Meistern der Schmiedekunst gefertigt.

2 bis 4. Drei Serienmodelle aus einem Katalog Anfang des 20. Jahrhunderts.

Folgende Doppelseite

5. Frauendarstellungen waren im 19. Jahrhundert sehr beliebt.

6 bis 9. Vom simplen Ring bis zur reich dekorierten Platte in Muschelform, mit Arabesken oder Voluten: Die Motive der Türklopfer sind manchmal echte Unikate.

5.

6.

7.

8.

9.

1.

2.

3.

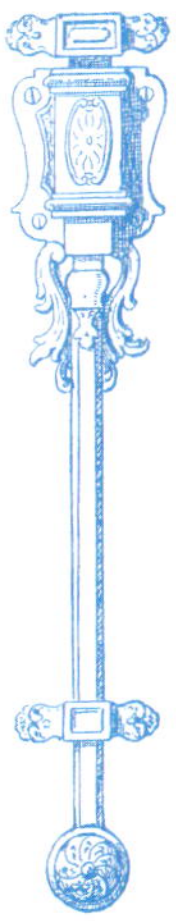
4.

Schlösser und Schlüssel

Zunächst wurden Schlösser an der Tür angebracht, um die erforderliche Sicherheit zu bieten, sie wurden jedoch schnell zur guten Gelegenheit für Handwerker, sehr dekorative Arbeiten auszuführen, komplettiert durch ebenfalls kunstvoll gefertigte Schlüssel.

1. Frauenhände als Türklopfer sind im Mittelmeerraum häufig anzutreffen.

2 bis 4. Drei Modelle von Schlössern und Riegeln aus Industriekatalogen Anfang des 20. Jahrhunderts.

Die ersten Schlösser waren simpel

Das Wort »Schloss« kommt vom althochdeutschen *sloz*, was so viel wie »Riegel, Verschluss« bedeutet.
Im Mittelalter waren die ersten Türschlösser Riegel aus Holz, Eisen oder seltener auch Bronze. Sie funktionierten nur von innen und mussten durch Schlüssel vervollständigt werden. Als einfache Haken, die man durch die Tür steckte, schoben diese Schlüssel einfach nur die Schließe in die gewünschte Position. Ein dürftiges und unsicheres System. Die ersten Schlösser arbeiteten mit der geradlinigen Verschiebung des Schlüssels: Schon die Ägypter und später auch die Galloromanen benutzten dieses Prinzip. Der mit Widerhaken ausgestattete Schlüssel gleitet waagerecht, zieht den Riegel und löst ihn vom Schließblech.
Vom 12. bis ins 17. Jahrhundert hinein verwendete man Türschlösser mit begrenztem Drehradius. Sie funktionieren nur von außen und um den Schlüssel abzuziehen, muss man die Tür schließen. Erst mit Anfang des 18. Jahrhunderts verwendete man Schlösser mit zwei Riegeln, bei denen Schlüssel oder Knauf einmal ganz herumgedreht werden können.
Im 15. Jahrhundert begannen Kunstschmiede die Motive auf dem Türschloss auszuarbeiten – besonders das Gehäuse, das mit Winden und Ranken geschmückt wurde.
Außer dem dekorativen Zweck tat man damit technischen Anforderungen Genüge: Die engen Gassen waren nicht sehr hell und so konnte der Bewohner das Schlüsselloch im Dunkeln leichter finden. Mit der Zeit wurde das Dekor immer einfallsreicher, es dominierten Heiligenreliefe und durchbrochene florale Motive.

Von innen abschließbar: Die Revolution des Türschlosses

In der Renaissance bahnte die Verlagerung der Türschlösser ins Innere des Hauses einer regelrechten Revolution den Weg: Sowohl Schließsysteme als auch ihre Befestigung an der Tür werden präziser.
In der Gotik wurden sie noch in die Tür eingelassen und unter einem Schild versteckt. Während der Renaissance waren sie an der Innenseite der Tür sichtbar und wurden zu wahren Elementen von kunstvollem Dekor.

1 bis 12. Waren Schlüssel zuerst noch einfach vom Schmied bearbeitet, entwickelte sich ihre Form mit der Zeit, um immer dekorativer und wertvoller zu werden: Manche sind sogar aus Silber. Um 1800 wurde das Eisen durch Gussware ersetzt und die Schlüssel im 20. Jahrhundert schließlich in Serie produziert.

Das Gehäuse war sehr fein bearbeitet, von Ziernägeln umgeben, die es an der Tür festhielten und das Schloss selbst reich verziert mit epochentypischen Ornamenten. Die Handwerkstechniken entwickelten sich und wurden immer feiner – Gravuren mit Nadel oder Säure, gemeißelte Verzierungen oder Ziselierungen. Es war das goldene Zeitalter für Türschlösser. Gegen Ende des 17. Jahrhunderts werden die raffinierten Modelle wieder seltener und das 18. Jahrhundert verging, bis mit dem Gusseisen die Fabrikation von modellierten Metallteilen wieder in Schwung kam. Diese Schlösser waren noch leicht aufzubrechen, aber der Beruf des Schlossers veränderte sich unter strenger gesetzlicher Kontrolle sehr.
Im Jahr 1778 arbeitete Robert Barron, ein Engländer, ein Sicherheitsschloss mit Zuhaltungen aus, das Einbrecher darin hindern sollte, Wachsabdrücke vom Inneren des Schlosses zu nehmen. Der Franzose Alexandre Fichet entwickelte 1829 das erste zertifizierte einbruchsichere Schloss – er sollte es auf diesem Gebiet zu Weltruhm bringen. 1846 erfand er das erste Zahlenschloss, das zunächst für Tresore verwendet wurde.

Schlüssel

Die Schmiede bearbeiteten auch die Schlüssel. Im 14. und 15. Jahrhundert waren sie noch recht massiv, bestanden aus einem schmalen Schaft mit mehreren Kerben. Das Innere der bis dahin recht schmucklosen Reide, so bezeichnet man das Stück des Schlüssels, das man zwischen die Finger nimmt, bekam einen vielfältigen Ornamentschmuck im gotischen Stil.
In der Renaissance wurde der Schlüsselschaft hohl und die Reide mit Ranken geschmückt, während sich auf den Schlössern wieder Gravuren, gestochen oder geätzt, verbreiteten.
Diese Ornamentik erreicht ihren Höhepunkt im Barock mit Doppelschlüsseln mit verschiebbarer Messingreide, die überaus reich verziert war.
Im 18. Jahrhundert ließ der praktische Aspekt der Ausschmückung den Vortritt und manche Partien des Schlüssels wurden aus Silber gegossen.

Riegelschlösser und Schubriegel

Lange Zeit unterschied man zwei Zünfte in der Schlosserei: Die Schlossermeister – der Stolz des Gewerbes –, die in der Werkstatt, in der Schmiede und mit der Feile arbeiteten, große Werkstücke herstellten wie Rampen und Balkone und die um einiges weniger angesehenen Kurzwarenhändler, die Metallwaren verkauften.
Im Mittelalter wurden Riegelschlösser und Schubriegel aus einfachem, beschlagenem Eisen hergestellt. Die Sicherheitsschlösser konnten von außen mit einem ausgebohrten Schlüssel bedient werden und von innen ließen sie sich öffnen, indem man den Riegel verschob (erst im 19. Jahrhundert erledigte das ein kleiner Drehknauf.) Diese mehr schönen als wirksamen Schlösser zieren Tierköpfe und später auch menschliche Figuren. Die manchmal sehr breite Halteplatte war mit ziseliertem Metall verziert.
Im 17. Jahrhundert kamen eckige, sehr regelmäßige Formen auf. Die Halteplatte wurde schlichter und nur an den Rändern leicht angeschrägt, trotzdem blieb das System noch unsicher. Um 1800 wurde formbares Gusseisen zum Lieblingsmaterial der Handwerker, weil es sich gut mit Hammer und Feile bearbeiten ließ.

TIPPS FÜR SAMMLER

Die meisten Türen oder Möbel aus dem 18. und 19. Jahrhundert sind mit Schlössern ausgestattet. Wenn diese rostig oder abgegriffen sind, können Sie sie restaurieren, indem Sie sie abmontieren und in Petroleum oder Entroster eintauchen. Fetten Sie sie anschließend gut mit Mineralöl. Falls eine Schraube hakt, legen Sie eine glühend heiße Metallfeile darauf: Unter der Wärmewirkung dehnt sich die Schraube aus und zieht sich anschließend beim Abkühlen wieder zusammen und enthakt sich.
Falls die Schlüssel fehlen, kann ein guter Schlosser sie nachmachen.

1.

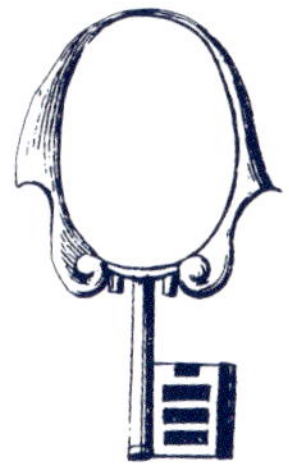
2.

3.

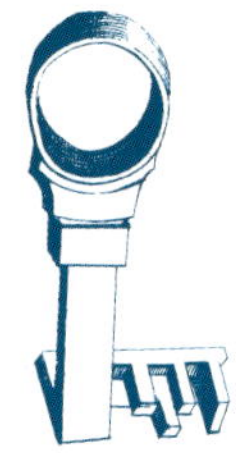
4.

5.

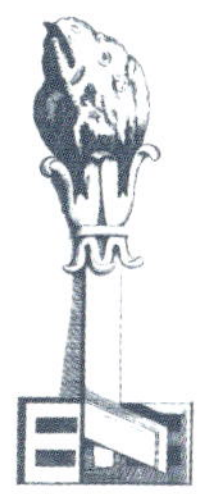
6.

7.

8.

9.

10.

11.

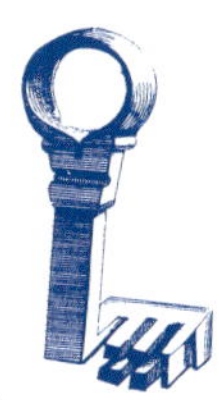
12.

Das Schlösser-Museum

In Nordfrankreich werden im Vimeu (am Ufer der Somme) seit dem 16. Jahrhundert Schlösser, Vorhängeschlösser und Türriegel hergestellt. Früher fertigten ganze Familien Schlösser in der Fabrik oder bei sich zu Hause, neun Stunden am Tag, sieben Tage die Woche. In Heimarbeit verpasste der im französischen Dialekt »cleftier« genannte Schlüsselhersteller dem Schlüssel, der aus der Schmelze kam, seine Form; seine Frau stellte die Teile für Vorhängeschlösser zusammen und die Kinder passten die Schlüssel ein. Die verschiedenen Gemeinden im Vimeu hatten jeweils ihre Spezialität: Vorhängeschlösser aus Fressenneville, Schlüssel aus Dargnies, Metallteile und Schlüssel aus Béthencourt, Kupferteile aus Friville-Escarbotin und die Sicherheitsmechanik aus Feuquières. Noch heute kommen 75 Prozent der französischen Türschlösser aus dem Vimeu und im Schlösser- und Armaturenmuseum in Friville-Escarbotin lässt sich die Geschichte anhand einer umfangreichen Schlössersammlung und wiederaufgebauten Werkstätten nachvollziehen.

LETTRE

2.

3.

4.

Briefkästen und Zubehör

Bereits 1520 war die Organisation Franz von Taxis', die Pferdewechsel und Leistungen der Postboten festlegte, in der Lage, täglich 166 Kilometer Postweg zu bewältigen.

Service für die städtische Elite

Die erste zeitlich und räumlich zentral organisierte Postverbindung wurde im Jahr 1490 von Franz von Taxis zwischen dem Hof Maximilians I. in Innsbruck und jenem seines Sohnes Philipp in Brüssel eingerichtet. Als Philipp nach dem Tod Isabellas 1504 kastilischer König wurde, verlängerte Franz von Taxis seine Postlinie bis nach Madrid, und 1516 erhielt er von dem späteren König Karl V. das Privileg eines Hauptpostmeisters der Niederlande. Die Linien wurden je nach Bedarf bis Rom, Neapel, Verona und zu anderen Städten ausgedehnt.

Der erste schriftlich dokumentierte Briefkasten war 1633 am Haynischen Tor der niederschlesischen Stadt Liegnitz. Die Stadt Breslau unterhielt ab der zweiten Hälfte des 16. Jahrhunderts einen Botendienst nach Leipzig. Die an der Route liegende Stadt Liegnitz wollte sich die Vorteile dieses Botendienstes nicht entgehen lassen. In einer Verordnung vom 16. März 1633 wurde die Anbringung dieses Postkästleins angeordnet. In Hamburg bestand seit 1590 ein »Freistädtischer Botendienst«. 1641 ließ die Stadtverwaltung im »Posthause« eine Anzahl hölzerner Briefkästen aufstellen, die nach Bestimmungsort sortiert waren.

Im Jahre 1653 erteilte Ludwig XIV. dem Unternehmer und Hofrat Jean-Jacques Renouard de Villayer in Paris das Vorrecht, eine Stadtpost einzurichten. Hierzu wurden etwa 15 Briefkästen in den Straßen aufgestellt. 1760 schuf Clément Humbert Piarron de Chamousset, Berater am Rechnungshof, die erste kleine Pariser Post. Die Post blieb bis kurz vor der Französischen Revolution der gesellschaftlichen Elite vorbehalten.

Briefkästen in Masse

In Deutschland wurden öffentliche Briefkästen um 1824 flächendeckend eingeführt. In Zügen, Hotels und Geschäften konnten Privatleute die Aufstellung und die Nutzung öffentlicher Kästen mieten. Anfang des 20. Jahrhunderts richteten sich auch Privatpersonen individuelle Briefkästen ein, um die Ankunft ihrer Post zu erleichtern. Alles war erlaubt: Von Handarbeiten aus Holz oder Zink bis zu Modellen, die von den englischen Briefkästen aus Gussware inspiriert waren und in Katalogen angeboten wurden. Die Bürger begeisterten sich für Modelle aus bemalten, mit einem Jagdhorn verzierten Gusseisen. Ein Dekor historischer Herkunft: Früher mussten Boten und Kuriere ihre Ankunft ankündigen, indem sie in ein kleines Horn bliesen. Die Adligen hingegen stellten lieber ihre Wappen aus. Diese Zeichen von Besitz und zur Identifikation machen es möglich, die Kästen zu datieren.

5.

6.

1. Typischer Briefkasten aus Gusseisen, auf einem Ständer, inspiriert von englischen Modellen.

2. Elektrische Schulglocke, »zur Verwendung im Freien«.

3. Schmiedeeiserner Fußkratzer zur Verankerung im Boden.

4. Briefkasten aus massivem, lackiertem Gusseisen.

5. Kupferne Klingelknöpfe für eine elektrische Klingel.

6. Für eine elektrische Klingel: Klingelknopf aus lackiertem Mahagoni und Knopf aus Bein.

1.

2.

1. Eingangsschild mit Reliefmuster.

2. Ein Mosaikschild, wie es in den 1930er-Jahren sehr in Mode war.

Emailleschilder

Schon die alten Griechen und Ägypter kannten die Technik der Emaillierung. Im Mittelalter befand sich das größte Produktionszentrum für Emaille in Limoges. Der Ausgangsstoff für Emaille ist farbloser Glaspuder, dem Metalloxyde zugesetzt werden, um ihr Farbe zu verleihen. Die glasige Masse wurde zur Verzierung auf gebrannten Ton aufgetragen.

Im 18. Jahrhundert unternahmen Handwerker zahlreiche Versuche, Blech zu emaillieren, die alle erfolglos blieben. Ein erster Erfolg im Jahr 1875 löste schließlich eine wahre Brandungswelle in Europa und später auf dem Weltmarkt aus. Man entdeckte den Nutzen dieser Technik für den industriellen und häuslichen Gebrauch – Herde, Töpfe, Schilder usw. Weiteren Aufschwung nahm diese Technik schließlich in den 1930er-Jahren, vor allem durch die Produktion von Reklameschildern, die heutzutage bei Sammlern sehr begehrt sind. Viele Fabriken in Deutschland, Österreich, Großbritannien und Frankreich signierten ihre Erzeugnisse mit einer eingearbeiteten Marke, die es heute möglich macht, deren Herkunft zu bestimmen. Die meisten Emaillen wurden auf Stahlblechen hergestellt. Je dicker diese sind, desto wahrscheinlicher ist es, dass sie alt sind.

Ein Metallstück zu emaillieren erfordert ein außergewöhnliches Know-how. Die Emailliermeister hüten das Geheimnis der richtigen Mischung, die ganz unterschiedlich gekocht werden muss, je nach dem, für welchen Gebrauch ein Gerät bestimmt ist.

Eine weitere Notwendigkeit besteht bei manchen Techniken darin, nach Farben getrennt zu kochen, damit sich die Oxyde nicht vermischen. Abschließend verleiht ein Dekorationsmaler der Emaille den letzten Schliff, indem er sie mit handgemalten Mustern, Abziehbildern, Schablonen oder Lithografien verziert.

TIPPS FÜR SAMMLER

Um ein Schild zu restaurieren, waschen Sie es mit einem weichen Schwamm und mildem Reinigungsmittel. Vermeiden Sie, es zu lackieren. Falls es verrostet ist, legen Sie es in Rostentferner. Falls es Sprünge hat, reinigen Sie die Oberfläche gut mit einem Reinigungsmittel und lassen Sie es trocknen. Lösen Sie mit einem Cuttermesser die kleinen Emaillestücke rund um den Sprung. Entfetten Sie die Oberfläche mit Terpentin. Tragen Sie mit einem Pinsel eine feine Schicht Kaltemaille auf die Oberfläche auf und erneuern Sie den Auftrag alle zehn Minuten, bis der Sprung eine leicht gewölbte Oberfläche aufweist, die Sie vorsichtig mit etwas Stahlwolle abschmirgeln können. Vermeiden Sie es in allen Fällen, eine zu dicke Schicht auf einmal aufzutragen: Das Ergebnis wird unschön und die Reparatur wirkt plump.

2.

3.

Balkone, Gitter und Geländer

Im 19. Jahrhundert verwendeten die Architekten zunehmend Eisen. Bereits 1836 wurden Doppel-T- oder U-förmige Eisen kommerzialisiert, und in Fußbodenkonstruktionen verwendet: Die Anfertigung ging schneller und die Stabilität wurde bedeutend verbessert.

Schmuck aus Schmiedeeisen

Ausgelöst durch einen Streik der französischen Zimmerleute löste das Eisen Holz bei der Verwendung architektonischer Elemente in rapider Geschwindigkeit ab: Dächer werden nun mit Metallträgern an der Fassade abgestützt, der hölzerne Türsturz wird durch Metallpartien ersetzt. Architekten waren begeistert und vervielfältigten die dekorativen Elemente: Balkone, Vordächer, Tür- und Fenstergitter aus Schmiedeeisen schmücken von nun an die Privathäuser. Erste Kataloge industrieller Erzeugnisse erschienen. Es kam zu einer Umwälzung in der Bauwirtschaft. Industriebetriebe boten Tausende von Modellen in allen Stilrichtungen an und man konnte ein Haus komplett aus standardisierten Elementen wie Balkon, Türen, Fenster, Gitter, Dachfirst etc. aufbauen, die auf der Baustelle zusammengesetzt wurden.

Balkone

Im 19. Jahrhundert war Schmiedeeisen das bevorzugte Material bei der Hausverzierung. Man setzte in die Fassade zwei unverzichtbare Elemente ein: den Balkon und die Eingangstür aus verziertem Holz. Im 18. Jahrhundert war der klassische Balkon eher starr und gerade, geschmückt von Knoten, Banderolen, Blattwerk und floralen Motiven. Eine Mode, die sich auch auf Tapeten, Türdekoration und Stoffe ausdehnte. Und sie erreichte auch Italien, speziell Venedig, das zunehmend die Bronze für das Schmiedeeisen aufgab, denn es eignete sich besser für üppige Gestaltungen. Die Balkone wurden kurvig und überladen von Voluten. Der Dorfschmied fertigte die Balustraden nach seinen Ideen, wobei er manchmal auf Wunsch die Initialen oder das Wappen des Kunden einbrachte. Nach diesem Luxus wurden die Dekorationen wieder einfacher: ein Medaillon, Ovale oder Rosetten. Mit dem Aufkommen der industriellen Revolution blieben zwar manche Kunsthandwerker dabei, schöne Modelle nach ihren Vorstellungen zu arbeiten, doch die große Welle der überbordenden Dekorationen war vorbei. Außerdem wurde, wo sich noch Architekten an Kunstschmiede wandten, die Verwendung des Gusseisens vereinheitlicht: Kataloge boten Hunderte von Modellen für Rampen, Vordächer, Gitter, Tore, Balkone und Erker in allen Größen an.

4.

5.

6.

1. Schmiedeeisernes Balkongitter. Dieses Material erlaubt üppige Verzierungen.

2 bis 3. Kunstschmiedearbeiten, wie sie in Fachkatalogen im 19. Jahrhundert angeboten wurden.

4 bis 6. Schmiedeeiserne Geländer für Fenster, die 1925 in Serie produziert wurden.

1.

2.

1. Manche Bauherren ließen Maßarbeiten mit ihren Monogrammen oder Wappen anfertigen.

2. Kleines schmiedeeisernes Element für die Fenstergitter.

3 bis 6. Barocke Blumen, Blatt- und Tiermotive oder gerade Gitter aus Gusseisen in den 1930er-Jahren: Balkone und Fenster passten sich den Moden an.

Fenster- und Türgitter

Erst im 18. Jahrhundert ragte das Gitter über die Fassaden hinaus. Diese »dreidimensionalen« Modelle machen Furore und Fassaden wurden mit Folgen von mehr oder weniger raffinierten Fenstern, bearbeiteten Türen und sogar mit weitläufigen Vorhallen in ausgesuchtem Design verziert. Um sie zu unterstützen, wurden die Fassaden verstärkt und mit Vorsprüngen, Konsolen oder Kapitellen ausgeschmückt. Die Fenstersimse wurden von großen Trägern oder Tympana gehalten, die mehr und mehr Erkerform annahmen, sodass Kunstschmiedearbeiten immer wichtiger wurden. Im Barockstil bildeten die Erker einen Vorbau. Diese Form dehnte sich anschließend auf Balkone aus.

In der Blütezeit der industriellen Kunst wurde den Kunden eine Vielzahl von Modellen und Stilen angeboten. Tür- und Fenstergitter wurden schnell zu Dekorationsobjekten, die den Geschmack und die gesellschaftliche Stellung ihres Besitzers offenbarten.

Zu Beginn des 20. Jahrhunderts wurden gotischer, Renaissance- und Barockstil sehr geschätzt. Die Fenstergitter nahmen häufig die Muster der Balkone wieder auf und blieben auch an ihrem Platz, wenn die Fassade verändert wurde. Deshalb findet man oft denselben Typ von Gittern in verschiedenen Epochen wieder, während die Architektur des Hauses selbst sich weiterentwickelt hat.

Gitter mit eckigen Maschen oder runden Elementen wurden jahrhundertelang in die Steinfassungen eingepasst. Es wurden zwei Typen von Fenstergittern angeboten: Das »Käfig-Gitter«, das von vorne an der Wand fixiert wurde, indem es vor dem Fenster platziert und an den Seiten umbog und das Gitter mit Kreuzstreben, das näher an der Scheibe saß und senkrechte oder waagerechte Schlitze hatte.

Oberlichte

Um den Eingangsbereich auch bei geschlossener Tür zu erhellen, übernahmen Türen und Vorhallen ab Anfang des 20. Jahrhunderts Oberlichte. Diese Zierde aus Schmiedeeisen mit einem halbkreisförmigen Teil, der den Eingang überragt, war monumentalen Türen vorbehalten. Inmitten der vielen Blumen- und Volutenornamente tauchte manchmal der Straßenname auf.

TIPPS FÜR SAMMLER

Das größte Hindernis beim Kauf von Gittern oder Balustraden stellen die Abmessungen dar. Diese werden selten exakt genommen. Man muss unbedingt die Tiefe der Verankerung mit einkalkulieren und besonders genau sein, denn eine nachträgliche Größenkorrektur macht das Ganze unausgeglichen und zu kurze Gitter sind unmöglich anzupassen. Lassen Sie sich bei Fragen zur Anbringung beraten, um zu vermeiden, dass Sie ein Modell kaufen, das Sie bei sich nicht installieren können.

3.

4.

5.

6.

1.

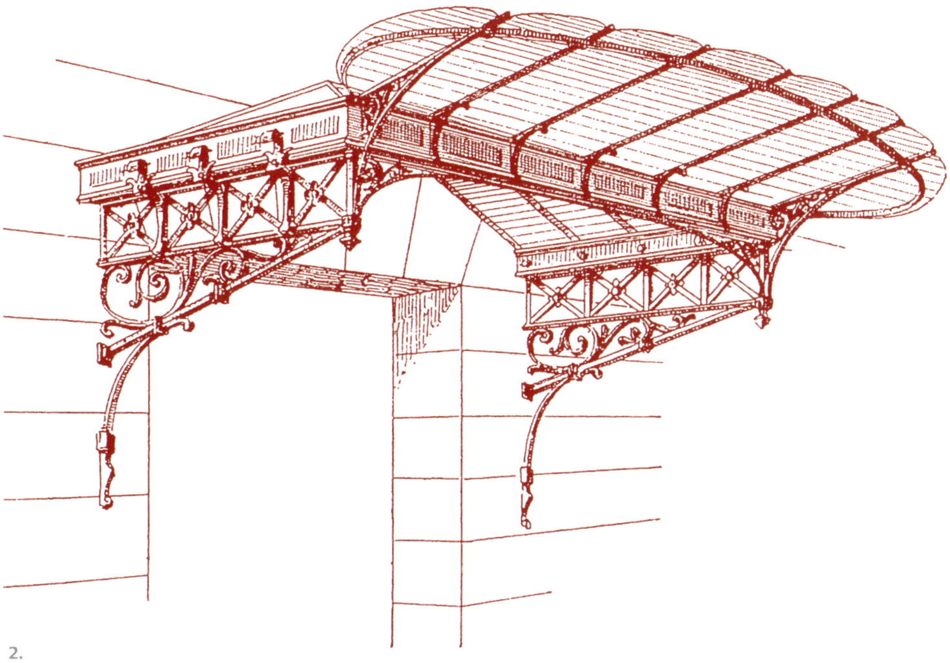

2.

1. Ein sehr dekoratives Vordach mit Spitzenrand vom Anfang des 19. Jahrhunderts.

2. Serienmodell mit abgerundeten Rändern.

Vordächer

Der Stil der Vordächer entwickelte sich analog zu dem der Vortreppen. Elegante Schönheiten aus schmiedeeisernen Schnörkeln, bedeckt von Glasplatten, schützten und zierten den Empfangsbereich.

Im Französischen werden die Vordächer zu Ehren jener adligen Damen, denen feine Manieren und Eleganz zugeschrieben wurde, »marquises« genannt. Sie ersetzten die Schutzdächer über den Vortreppen. Dort schützen sie nicht nur vor schlechtem Wetter, sondern dienen Dekorationszwecken. Sie setzen sich aus zwei Seitenträgern zusammen, die ein Gestell halten, das mit Glas, Blech oder Kupfer gedeckt ist. Ab dem 19. Jahrhundert waren die Kataloge voll von oft sehr kunstvoll gearbeiteten Modellen in allen Stilen.

TIPPS FÜR SAMMLER

Wenn Sie das Glück haben, ein Vordach aufzutreiben, ist es selten in gutem Zustand. Ein oder zwei fehlende Scheiben sollten Sie nicht abschrecken: Sie können einfach durch dickes Glas, das auch Hagelschauern oder Teilen von Dachziegeln standhält, ersetzt werden. Hingegen sollten Sie auf die Struktur achten. Wenn das Metall angerostet ist, können Sie es mit Rostentferner aufbessern, aber wenn es zu angegriffen ist, verzichten Sie besser auf die Anschaffung.

1.

2.

3.

4.

5.

6.

7.

1 bis 7. Manchmal an Zahnstangen an der Fassade festgemacht, manchmal von Pfeilern gehalten. Die in den Industriekatalogen angebotenen Modelle von Vordächern waren zahlreich. Das Schmiedeeisen passt sich häufig dem Muster des Treppengeländers oder sogar dem Türgitter an. Man konnte sie nach Maß anfertigen lassen.

1.

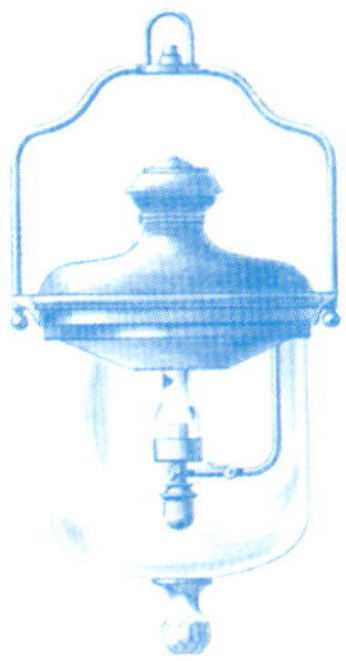

2

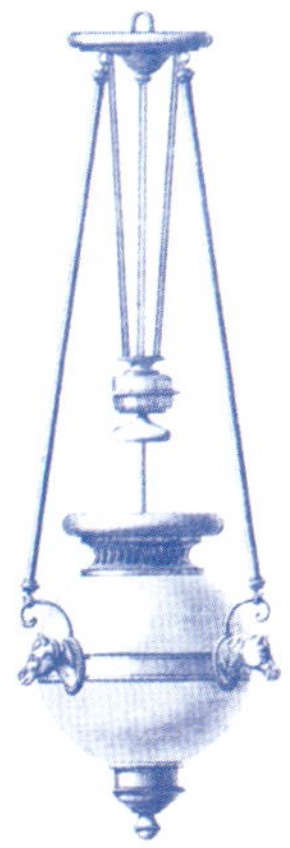

3

4

1. Große Hochfackel aus Glas mit schmiedeeisernem Fuß, zur Beleuchtung der ganzen Terrasse.

2. Stalllaterne mit Kristallverglasung.

3. Modell mit Kugel und Gegengewicht aus bronziertem oder poliertem Kupfer.

4. Stall- und Sattlereilaterne mit Gegengewicht aus reflektierendem Silberfurnier.

Laternen und Hochfackeln

Noch vor den Laternen wurden Hochfackeln benutzt, in denen harzige Stöcke steckten, die Schlösser und große Anwesen im Mittelalter erleuchteten.

Früher wurden Laternen und Hochfackeln aus Eisen hergestellt und ihr nützlicher Zweck ergänzte sich schnell mit einem dekorativen: Gotische und zwiebelförmige Muster, Kreuze und Voluten tauchten auf. Sie werteten die Fassade auf und spiegelten einmal mehr die gesellschaftliche Bedeutung ihres Besitzers wider.

Sie setzen sich normalerweise aus drei Elementen zusammen: der Wandhalterung, sei es in Form eines Eisens, das in einen Ring geschoben wird, sei es in Form eines feinen Endstücks, das von selbst in der Mauer hält; einer Fassung für die Fackel, die ursprünglich ein Eisenkörbchen war, in das man das brennende Holz legte und die später eine einfache Metallspitze wurde, auf die man das brennende Holz oder die Kerze steckt. Beide Teile werden mit einem Arm verbunden.

Bei den Laternen ist die Kerze in einem Eisenkasten mit Glaswänden vor Wind geschützt. Löcher ermöglichen die Luftzirkulation. An der Wand oder über der Tür aufgehängt erleuchtete sie den Eingang, besaß aber auch dekorative Funktion.

Damals benutzte man sie übrigens auch für Terrassen, in Höfen und unter den Portalen von Schlössern und großen Stadtvillen.

Die Laterne, oft in Form eines Parallelflachs, setzt sich aus mehreren metallumrandeten Glasflächen zusammen, die das Licht der Flamme schützen. Im 19. Jahrhundert bearbeiteten die Handwerker vor allem die Basis und den Deckel der Laterne, um daraus Schmuckelemente zu machen, die die Fassade verschönern sollten: Wasserpflanzen, Gewächse, Zweige, fein geschnittenes Blattwerk oder fantastische Tiere waren dort abgebildet.

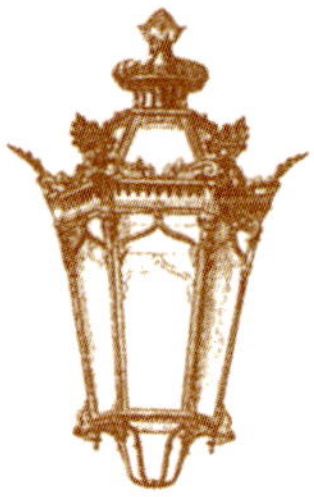
1.

2.

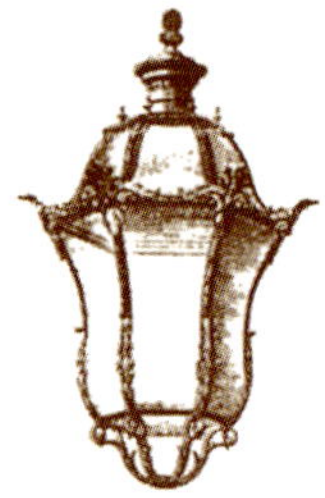
3

4.

5

6

7

8

9

10

11

12

13

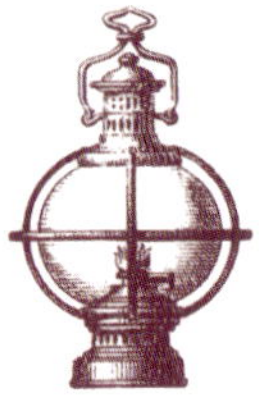
14

15

16

1 bis 16. Rund, oval, mit geradkantigem Metallaufsatz oder mit Rändern wie Spitze, mit oder ohne Henkel: Die Kataloge aus dem 19. Jahrhundert bieten unendlich viele Modelle.

17 bis 20. Weiß- oder Buntglas, bemaltes Schmiedeeisen, mit Arabesken oder ganz schlicht: Laternen gibt es in vielen Stilen.

TIPPS FÜR SAMMLER

Wichtigster Punkt bei Ihrem Kauf: Versichern Sie sich, dass die Laterne gegen Regen und Feuchtigkeit dicht hält, also den geltenden Elektrizitätsnormen entspricht.

Zwei weitere Punkte sollten Sie beachten: Das Metall kann Rostspuren oder Flecken aufweisen, die, falls sie nicht tief sind, mit Rostentferner behandelt werden können. Anschließend trägt man eine spezielle wetterfeste Metallfarbe auf. Die Glasscheiben können brüchig sein oder fehlen. Schauen Sie ins Innere der Laterne, um festzustellen, ob sie leicht ersetzt werden können. In ausgeklügelten Modellen sind sie mitunter sehr schwer zugänglich.

17.

18.

19.

2.

3.

4.

Brunnen und Wasserpumpen

Die Wasserversorgung ist eine uralte Kunst: Schon im 2. Jahrhundert v. Chr. benutzten die Kreter Tonrohre, ähnlich denen, die in der Provence bis zum Ende des 19. Jahrhunderts verwendet wurden.

Die Wasserversorgung

Schon in der Antike hatten die Griechen ihre öffentlichen Brunnen: Eine hohle Marmorsäule auf einer senkrechten Achse oder ein Bleirohr beförderten das Wasser in ein Überlaufbecken. Dieses Bronzebecken stellte oft einen Löwenkopf oder die Maske eines Satyrs dar.

In wasserarmen Regionen waren die Brunnen simpel, aber schon die Ädilen der römischen Antike führten Sucharbeiten nach Wasserquellen und Förderwegen durch.

Im Mittelalter bestand die Technik, Wasser kommen zu lassen, darin, es durch die Schwerkraft einen Kanal herunterfließen zu lassen. So floss das Wasser von einem Überlaufbecken ins nächste. Jede Ebene hatte ihre Bestimmung: Das Wasser ganz oben war Trinkwasser für die Bewohner, dann für die Tiere, weiter unten für den Haushalt und zum Pflanzengießen und schließlich, ganz unten, für den Antrieb der Mühlen. Der Brunnen war oft das einzig dekorative Element in den eingefriedeten Privatgärten.

Bis ins 19. Jahrhundert hinein waren Brunnen in erster Linie aus Stein, Kalk- oder Marmorstein aus den örtlichen Steinbrüchen, Marmor aus Italien für die Wohlhabenderen.

Das goldene Zeitalter der Brunnen

Zu Beginn des 19. Jahrhunderts ersetzte Gusseisen langsam den sehr porösen Ton, der hohe Verluste verursachte.

Zu dieser Zeit belebten Brunnen als we-

1. Alter Wasserhahn und ein Steinbecken: Zwei Zutaten für einen charmanten kleinen Brunnen.

2 bis 4. Drei Modelle von gusseisernen Brunnen, wie sie von einem Industriebetrieb im 19. Jahrhundert angeboten wurden.

1. Maritime Allegorie: Steinerner Wandbrunnen mit Delphin- und Muschelmotiven.

2. Sonst eher in die Fassade integriert, kann der Hydrant auch freistehen.

sentliche Elemente der Dekoration in den Städten den Raum und zierten die Fassaden. Es gab Wasserhydranten, Brunnen- und Waschhäuser, freistehende oder Wandbrunnen. Brunnen galten bis zur Einführung häuslicher Wasserleitungen als Treffpunkt für die Menschen, insbesondere für die Wäscherinnen, und hatten somit auch eine soziale Funktion. Die Privathaushalte teilten diese Begeisterung und Gärten und Hausfassaden wurden mit Modellen geschmückt, die von Seeungeheuern, Schilfrohr, Fischen, Masken und Wassergeistern geziert waren.
Große Brunnen thronten inmitten der Gärten, kleinere lehnten sich an die Hauswände. Die Industrialisierung tat ihr Übriges und insbesondere die zunehmende Verwendung von Gussstahl. Diese Verbindung aus Eisen, Kohle und Silizium ließ sich in Form gießen und für viele Zwecke verwenden, von Haushaltsgeräten über Brücken bis zu Maschinen. Alle Modelle, in Serie produziert und in Katalogen angeboten, machten Furore.
Mit dem Aufkommen von Wasserleitungen, die das Nutzwasser direkt in die Haushalte brachten, verschwanden die Entnahme- und Waschbrunnen im öffentlichen Raum. Sie wurden in vielen Dörfern und Städten durch mehr oder weniger gelungene künstlerisch gestaltete Brunnenanlagen ersetzt. Viele historische Brunnenanlagen stehen heute unter Denkmalschutz und gelten zum Teil als Sehenswürdigkeit.

Brunnen und Brauchtum

In Oberfranken, besonders in der Fränkischen Schweiz, gibt es den Brauch, Brunnen zur Feier des Osterfestes zu schmücken. Im schwäbischen Raum gibt es in manchen Städten den Brauch des jährlichen sogenannten Geldbeutelwaschens im Brunnen. Münzen, die in einen Brunnen geworfen werden, sollen zu Lebensglück oder einer Rückkehr an den Brunnen führen, so z. B. speziell bei der Fontana di Trevi in Rom.

TIPPS FÜR SAMMLER

Pumpen aus Gussstahl können Sie sehr gut bei einem Klempner reparieren lassen. Oft reicht es, den Fördermechanismus oder die Ventile instand zu setzen und ein paar Dichtungen auszutauschen.
Bei Brunnen sollten Sie ein Modell vorziehen, das von einem Antiquitätenhändler restauriert wurde, der auf Gartengeräte spezialisiert ist.

2.

AUF DEM DACH

Das Dach ist oft Synonym für eine Behausung im weitesten Sinne: »Unter demselben Dach wohnen«, »ein Dach über dem Kopf haben«. Die Bedachung bedeckt und schützt das Haus. Zuerst wurde der Dachstuhl mit Steinplatten oder Holzschindeln gedeckt, später wurden diese, den verschiedenen Regionen und ihren Rohstoffen entsprechend, durch Ziegel aus Ton oder Schiefer ersetzt. So ergibt sich eine Palette an Farbabstufungen und grafischen, runden, eckigen, rechtwinkligen oder umsäumten Formen, deren Vielfalt Dörfer so pittoresk oder elegant aussehen lässt. Ganz oben klammern sich Schornsteinaufsätze, rund oder eckig, eine Wetterfahne und, ganz am Rand, der Firstschmuck an die Schräge.
In Villen an der Meeresküste umrandet man das Dach auch mit Zierleisten aus zugeschnittenem Holz, die zum Balkon passen.
Ein Dach, das schützt, sollte möglichst auch einladend aussehen.

Dachziegel

Dachziegel wurden zunächst von Handwerkern und seit dem 19. Jahrhundert auch industriell hergestellt, die Ziegeltypen variieren je nach Region: Hohlziegel in Nord- und Westdeutschland, Flachziegel (»Biberschwanz«) in Sachsen, Bayern und Baden-Württemberg.

Handfertigung

Im Mittelalter bedeckte Reet oder Dachstroh – je nach Region aus Roggen, Schilf, Ginster oder Heidekraut – die meisten Häuser. Zwar ist es solide und günstig und isoliert thermisch hervorragend, doch leider ist es sehr anfällig für Brände, weshalb in Frankreich ab dem 16. Jahrhundert königliche Edikte seine Verwendung untersagten. Erst wurden die Dächer der öffentlichen Gebäude in der Stadt, dann die auf den Dörfern und schließlich die der Privathäuser mit Ersatzmaterialien gedeckt. Im Laufe der Jahrhunderte vervielfachte sich die Zahl der Ziegeleien und Brennereien in tonreichen Gebieten, bis im 19. Jahrhundert dank verbesserter Transportmöglichkeiten praktisch keine Holz- oder Strohdächer mehr existierten.

Im 18. Jahrhundert lag die Herstellung der Dachziegel noch gänzlich bei den Handwerkern. In Gebieten mit sehr hohem Tonvorkommen zerstießen sie den Ton, mischten ihn anschließend mit Wasser, von Hand oder mit den Füßen, um eine Masse zu erhalten, die sie anschließend über Holzformen weiterbearbeiteten.

Die Legende besagt, dass, weil es nicht genügend Formen gab, die Ziegelhersteller ihre Oberschenkel oder besser die ihrer Frauen benutzten. Sobald die Ziegel ausgeformt und mit der Hand geglättet waren, wurden sie zum Trocknen in die Sonne gelegt und später in einen Brennofen in waagerechten Reihen aufgestellt, damit die warme Luft zirkulieren konnte. Das Feuer wurde zwei bis drei Tage lang am Brennen gehalten, erst stark, dann schwächer, bevor es langsam verlöschte. Dadurch wurde verhindert, dass die Ziegel durch einen Temperaturschock gespalten wurden. Einige Tage später wurden sie aus dem Ofen gezogen und sortiert: Die unteren Schichten hatten häufig eine bessere Qualität, die oberen hingegen waren oft zusammengebacken oder verformt.

Erst im 19. Jahrhundert wurde die Ziegelherstellung industrialisiert, der Ton wurde nun maschinell geformt, der Formguss durch die Pressung ersetzt und Dachziegel wurden zu einem günstigen Baumaterial.

Je nach Gegend oder Epoche nahmen Ziegel unterschiedliche Formen an. Ein Deckmaterial wird fast immer mit einer Region verbunden: Die Hohlziegel mit der Provence und Norddeutschland, der Falzziegel mit dem Elsass, der Biberschwanz mit der Bourgogne und Süddeutschland.

Hohlziegel

Diese ältesten, auch Hohlpfannen genannten, Ziegel sind vom in China verwendeten Bambus inspiriert und haben die Form einer Regenrinne. Charakteristisch für die Südhälfte Frankreichs, besonders der Provence und dem Languedoc, sowie dem Norden und dem Westen Deutschlands passen sie sich gut Dächern mit schwacher Neigung an. Die Römer haben sie im gesamten Mittelmeerraum intensiv weiterentwickelt und man findet sie in mehreren Größen: hauptsächlich ein großes und ein

2.

3.

Vorhergehende Doppelseite

Haus in Coux-et-Bigaroque im Périgord noir.

1. Antike Bedachung aus kleinen Ziegeln in zarten Farben.

2. Ziegel für den First.

3. Die Töpfer hatten die Gewohnheit, ihren Namen oder einen Sinnspruch auf Backsteinen oder Ziegeln anzubringen.

1.

1. Dach aus Hohlziegeln im Vaucluse.

2. Riesiges Dach in der Normandie: Kleine Falzziegel bedecken eine Scheune.

kleines Modell, wobei die Ausmaße je nach Gegend variieren. Den regionalen Techniken entsprechend wurden sie erst mit der Hand geformt – in der Provence verwendete man dazu eine gebogene Holzauflage, während man im Roussillon Furchen in eine Erdmischung aus Sand und Ton grub – und anschließend bei 900 °C gebrannt. Die Handwerker beobachteten die Färbung des Tons durch eine kleine Öffnung und gaben mehr oder weniger Holz hinzu, bis das gewünschte Brennergebnis erreicht war.

Es wurden verschiedene Decktechniken angewendet: auf Sparren (am weitesten verbreitet), auf Dachlatten (miteinander verbundene Holzbretter auf den Sparren) oder in der Provence auch auf Terrakottakacheln.

Flachziegel

Sie waren in der Champagne, im Nevers, rund um Orléans und in der Île de France seit dem 12. Jahrhundert verbreitet und wahrscheinlich schon hundert Jahre zuvor in der Bourgogne zu finden. Sie werden in weiten Teilen Nordfrankreichs verwendet, wo die Dächer oft eine beachtliche Schräge aufweisen. Seit dem 11. Jahrhundert deckte man auch in Ost- und Süddeutschland die Dächer mit diesen, häufig Biberschwanz genannten, Ziegeln.

Vor Beginn des 17. Jahrhunderts wurden die Ziegel einzeln an den Dachdecker verkauft, deswegen haben bestimmte Gebäude noch Ziegel von unterschiedlicher Größe. Ab dem 17. Jahrhundert vereinheitlichte sich die Größe und man sprach von Ziegeln kleiner oder großer Form. Allgemein sind sie rechteckig, in einigen Gebieten auch wie Schuppen am unteren Rand abgerundet oder spitz.

Alte Ziegel präsentieren sich in einer unendlichen Farbvielfalt, von blassrosa bis ziegelrot, je nach Tonbeschaffenheit und Brenntechnik und manche sind auch kobaltblau, tannengrün oder safrangelb lackiert. Sie werden je nach Dachschräge in mehr oder weniger engen Reihen verlegt, indem eine Ziegelreihe die andere überdeckt.

Krempziegel

Diese Ziegel haben eine Wellenform, die sich aus einem gewölbten Deckelement und einem flachen Rinnelement zusammensetzt. Sie wurden mit dem Ziel hergestellt, Lecke zu vermeiden, die bei Dächern mit flachen Ziegeln häufig vorkamen. Seit dem 19. Jahrhundert wurden sie sehr stark in Nordfrankreich und der Picardie verwendet. In Deutschland findet man sie vor allem in Thüringen.

Grenze durch Schindeln

In einigen Gegenden wie z. B. dem Roannais, einer Region, die im 19. Jahrhundert reich an Schindelfabriken war, wurden zwei Arten von Schindeln für die Dächer verwendet: Flache Schindeln für große Anwesen und Hohlpfannen für ländliche Häuser.

2.

1.

1 und 2. Manche Dächer sind regelrechte Kunstwerke, auf denen sich Formen und Farben, gebrannter und lackierter Ton abwechseln und einzigartige Zeichnungen schaffen.

TIPPS FÜR SAMMLER

Gewicht der Hohlziegel

Hohlziegel wiegen 55 Kilo pro Quadratmeter. Bevor man also ein ganzes Dach neu deckt, sollte man unbedingt den Rat eines Dachdeckers einholen, um zu wissen, ob die Arbeiten überhaupt möglich sind. Zustand der Schräge des Dachstuhls, Tragfähigkeit und Ausführung spielen eine Rolle.

Verlegung der Dachpfannen

Die Verlegung der Dachpfannen ist eine Arbeit für Profis. Die Ziegel müssen in der Tat immer die gleiche Ausrichtung zum Wind haben. Es existiert ein nach links und ein nach rechts ausgerichtetes Pfannenmodell und entsprechend der Dachschräge ist der flache Flügel der Pfanne dem Wind ausgesetzt, während der gewölbte Teil durch Überdeckung den Nachbarziegel schützt.

Das Dach neu decken

Wenn Sie Ihr Dach mit einem traditionellen Material der Region neu decken wollen, wenden Sie sich an das zuständige Amt für Denkmalpflege. Möglicherweise gewährt man Ihnen dort eine finanzielle Unterstützung. Natürlich müssen die Arbeiten dann von einem zertifizierten Handwerksbetrieb ausgeführt werden.

Wenn die Ziegel ebenmäßig sind

Sind die Ziegel ebenmäßig und haben sie keinen Moosbewuchs, können sie nicht alt sein. Das Brennen der Ziegel spielt ebenso eine Rolle: Durch die unterschiedlichen Brenntechniken gibt es eine große Farbvielfalt, das fehlt bei neuen Ziegeln, die eine einheitliche Färbung haben.

2

1.

2.

Schiefer und Zink

Im 11. Jahrhundert löste Schiefer das Holz als Material zur Dachdeckung ab. Im 16. und 17. Jahrhundert wurde er in Frankreich aufgrund der Ergiebigkeit der Schieferbrüche in Trélazé besonders häufig verwendet. Schieferschindeln bedeckten alle königlichen Wohnsitze wie die Schlösser der Loire oder Versailles.

Die Schieferarbeiter: Schürfer und Spalter

Der Begriff Schiefer leitet sich vom althochdeutschen »scivaro« (Holz-, Steinsplitter) her. Europa verfügt über die weltweit wichtigsten Schieferlager- und -abbaustätten, die sich hauptsächlich in Spanien, Deutschland, Großbritannien, Frankreich und der Tschechischen Republik befinden. In Deutschland gibt es bedeutende Schiefervorkommen im Hunsrück, in der Eifel, im Sauerland, in Thüringen und in Sachsen. Das größte Verbraucherland ist mit weitem Abstand Frankreich.

Dort waren bis 1789 religiöse Gemeinschaften die Haupteigentümer der Schieferbrüche, besonders in der Gegend um Anger. Die in Massen zugewanderten Bretonen, fügsame, billige Arbeitskräfte, stellten den Kern der Arbeiterschaft. Die Arbeit musste komplett von Hand erledigt werden und war besonders mühsam und gefährlich, denn die Minen waren sehr oft überschwemmt und Erdrutsche häufig. Die Arbeiter arbeiteten dabei in zwei Gruppen: Die Schürfer, auch »die von unten« genannt, bauten die enormen Blöcke Blauschiefer mit einer einfachen Hacke ab und beförderten sie mit der Kraft ihrer Arme nach oben, während die Spalter, »die von oben«, sie mit Hilfe von rudimentären Werkzeugen – Hack- und Zuschneidemesser – in schmale Blättchen schnitten.

Das Hackmesser (ein Hammer mit kurzem Schaft und gebogenem Kopf) diente zunächst dazu, die Schieferplatten zu spalten. Sobald sie in zwei Hälften geteilt waren, bohrte der Arbeiter kleine Löcher hinein, wodurch man sie wie Briefmarken ablösen konnte. Blieb also noch, sie mit dem Zuschneidemesser auf den Scheiben zu begradigen. Das war eine Art Tranchiermesser, ausgestattet mit einer rechtwinkligen Spitze, um sie in Form zu bringen. Die Arbeit der Spalter zog Schaulustige an und viele Persönlichkeiten gönnten sich eine Stippvisite vor Ort: Maria von Medici oder der englische Philosoph John Locke, im Besonderen. Im weiteren Verlauf kam es häufiger zu Streiks und 1920 wurde in Frankreich der Status des Schieferarbeiters mit dem des Bergmanns gleichgesetzt.

Die Gilde der Dachdecker

Im 19. Jahrhundert wurde mit der Entwicklung der Eisenbahn der leichte und wasserdichte Schiefer immer mehr eingesetzt. Die Methoden veränderten sich. Im

3

4

1. Schuppenartiges Zinkdach.

2. Dachplatten oder Schindeln aus Holz mit Herzdekor: Eine richtige Handwerksarbeit.

3. »Lauzes« genannte Steinschindeln im Périgord.

4. Erstaunliches Holzdach mit viereckig zugeschnittenen, schrägen Schindeln, in der Troyes-Gegend.

1.

1. Stich von 1790: Dachdecker mit seinen Arbeitswerkzeugen.

2 bis 5. Verschiedene Bedachungen bieten eine fantastische und seltene Vielfalt von Farben, Formen und Materialien. Hier in der Champagne (2), im Elsass (3), im Aveyron (4) und im Périgord (5).

Zuge der Industrialisierung wurden die Herstellungsschritte fast gänzlich automatisiert, was Schiefer zu einem erschwinglichen Material machte.
Nun wurde die Arbeit des Dachdeckens der Dachdeckergilde anvertraut, die sich in Gesellen und Lehrlinge unterteilte. Der Lehrling bereitete die Werkzeuge vor und half bei der Montage der Baustoffe. Der Geselle passte den Schiefer ein und schnitt ihn mit Spezialwerkzeugen zu.
Heute findet man Schiefer hauptsächlich in zwei Formen: dünne Plättchen (2,5 bis 3,5 mm) und die dickeren (6 bis 8 mm), die noch Spuren der Zuschneidearbeiten tragen, was ihnen einen authentischeren Charakter verleiht.

Zink

Dieses weißglänzende Metall ist bei Kälte brüchig, wird aber bei 100 bis 150 °C formbar. Es wurde um 1200 n. Chr. in Indien entdeckt, doch die erste Schmelzung fand erst 1743 in einer europäischen Fabrik statt, im englischen Bristol. Zink wird hauptsächlich als Antikorrosions-Überzug für Eisen und Stahl verwendet. Dieser Galvanisierung genannte Prozess wird mit Hilfe der Elektrolyse oder durch Tauchverfahren durchgeführt. Der Überzug von galvanisiertem Stahl durch das Tauchverfahren ist dicker und schützt besser vor Korrosion. Die Elektrolysetechnik macht einen dünneren Überzug möglich. Anfang des 19. Jahrhunderts wurde die Zinkproduktion in Europa gang und gäbe, vor allem in Belgien. Anfang des 20. Jahrhunderts wurde dieses Metall wegen seiner Leichtigkeit und seiner antikorrosiven Eigenschaften als Material für bestimmte Dächer, aber auch für Wetterhähne, Firstschmuck und Haushaltsgeräte interessant.

TIPPS FÜR SAMMLER

Wenn Sie ein Reetdach durch Schiefer ersetzen möchten, muss die Dachneigung unverändert bleiben. Andernfalls ist die Statik des Hauses gefährdet.

2.

3.

4.

5.

1.

Dachstuhl, Dachfries und Schornsteinaufsätze

Alle diese Elemente haben ihren Platz auf dem Dach und alle findet man heute bei Händlern für antike Baumaterialien. Da sie oft älter als ein Jahrhundert sind, haben sie mit den Jahren unter Abnutzung gelitten und bedürfen einer Restaurierung, bevor sie angebracht werden.

Holz für den Dachstuhl

Die meisten alten Balken, die aus Abrisshäusern geborgen werden, sind aus Kiefernholz, man findet aber auch welche aus Eiche und seltener aus Nussholz. Manche Antikhändler verkaufen sie gereinigt, geglättet und geschmirgelt.

Einen Dachstuhl ganz aus antikem Holz nachzubilden ist undenkbar: zu viele Auflagen, sehr hohe Kosten, die Schwierigkeit, ausreichend lange Balken zu finden, nicht mitgerechnet. Hingegen ist es sehr gut möglich, fehlende Teile damit zu ersetzen oder sie für rein dekorative Zwecke zu verwenden.

Dekoration aus gezacktem Holz

Wahrscheinlich war es unter Einfluss der Schweiz, dass Mitte des 19. Jahrhunderts Dekorationen aus gezacktem Holz an französischen Häusern auftauchten – auf dem Land und in der Stadt. Diese Holzfriese schmücken häufig üppig Villen an der Küste, Chalets, Kioske und sogar Unterstellhäuschen und die Gebäude der Weltausstellung. Die Querverkleidungen aus Holz laufen das Dach entlang, die Spitzenfriese schmücken Vordächer, Fensterläden und Balkone. In Frankreich war Waaser und Bougleux eins der ersten Unternehmen, die »Muster aus mechanisch zugeschnittenem Holz« anwendeten, die besonders bei der Weltausstellung 1867 einen wahren Triumph erfuhren.

Manche Händler antiker Baumaterialien besitzen davon noch Lagerbestände, aber selten in großen Längen. Man kann sie also benutzen, um einen Balkon oder ein Vordach zu umranden.

Schornsteinaufsätze

Schornsteinaufsätze sind entscheidend für den Abzug des Kamins und das Meisterstück des Dachs. Sie nehmen je nach Region unterschiedliche Gestalt an: behauener Stein in der Picardie, der Bretagne, dem Anjou und der Manche, die gerade für ihre Maurer bekannt ist; Backsteine in der Picardie, der Bresse und Flandern; Granit im Cantal und der Bretagne, und sogar Ton in der Vendée.

Diese regionalen Besonderheiten finden sich auch in der Platzierung der Schornsteinaufsätze wieder: in der Verlängerung des Giebels oder auf der Giebelschräge, in der Mitte der Dachschräge oder auf dem Dachfirst.

In Gegenden, in denen Backstein geläufig ist, konkurrierten die Handwerker mit ihren Einfällen und man findet großartige Aufsätze, die Muster mit mehrfarbigen Elementen verbinden. In allen Regionen

2.

1. Balken vom Boden bis zur Decke: Ein einladendes Interieur, in dem der Kamin seinen Platz findet. Das mit Kalk gebleichte Holz ist zugleich geschützt und sehr dekorativ.

2. Fachwerkmauer mit geometrischen Mustern.

1.

1. Ein großartiger Dachstuhl ganz aus Holz in der Champagne.

2 bis 5. Besonders dekorativ sieht das Holz aus, das mit Zackenfriesen, Fachwerk und Dachbordüren das Haus schmückt und innen Wände und Decken verkleidet. Hier in der Normandie (2 und 5), den Alpen (3) und der Champagne (4).

schmücken sie sich mit Dekorationen: herausgemeißelte oder gemauerte Kreuze, christliche Inschriften, Zunftzeichen wie Hammer und Fass und andere Symbole, die böse Geister vertreiben sollen.

Die Öffnungen haben auch ihre Bedeutung: seitlich und mit einer Steinschindel bedeckt wie in der Bourgogne, den Cevennen, der Auvergne, dem Limousin oder am Ende des Schachts wie im Loiretal. Schließlich konnte man bei manchen Schornsteinaufsätzen noch die Öffnung von Hand verändern, indem man von der Küche aus mit Holzklappen den Schacht entweder schloss oder öffnete. Ein System, das häufig zum Fleischräuchern verwendet wurde.

TIPPS FÜR SAMMLER

Gesundes Holz

Manche alten Balken kommen aus Scheunen oder landwirtschaftlichen Bauten, die über lange Zeit der Witterung ausgesetzt waren. Inspizieren Sie das Holz also sorgfältig und lehnen Sie unbedingt alle wurmstichigen Teile ab: Es reicht, einen harten Gegenstand wie zum Beispiel einen Schraubenzieher, in das Holz zu drücken. Wenn er leicht hindurchdringt oder Holzmehl herausrieselt, ist das Holz stark betroffen. Man sollte vor allem zwei Arten von biologischen Feinden fürchten, da sie der Anfang manchmal irreparabler Schäden sind: Pilze und Insekten (holzfressende Würmer).

Natürliche Schönheit!

Holzfriese sind sehr zerbrechlich und tragen daher oft Mängel wie abgerissene Spitzen und defekte Schnörkel. Es ist besser, diese »natürliche Schönheit« zu belassen als zu versuchen, die Mängel auszugleichen, was sehr ins Auge fallen würde und wenig ästhetisch wäre. Bürsten Sie sie lieber vorsichtig mit klarem Wasser ab, um sie zu reinigen. Sie können sie auch abbeizen (mit handelsüblicher Beize) und ihnen mit einer Lasur oder einer wetterfesten Holzfarbe wieder Farbe verleihen. Arbeiten Sie unbedingt am liegenden Holz, um es nicht zu beschädigen.

Die richtige Platzierung

Wenn Sie einen Schornsteinaufsatz ganz erneuern, verändern Sie auf keinen Fall seine Platzierung: Ursprünglich ist er hier angebracht worden, um den besten Abzug vom Kamin zu ermöglichen. Bevorzugen Sie Material aus der Region: Alte Steine und Backsteine finden sich leicht beim Antikhändler und ein guter Kaminbauer sollte den Rest erledigen.

2.

3.

4.

5.

1.

Firstschmuck und Wetterfahnen

In der Volkskunst ist der Firstschmuck mit vielerlei okkulten Schutzsymbolen überladen, die das Böse verjagen und günstige Kräfte verstärken sollten.
Wetterfahnen lieferten neben der Wetterbeobachtung hunderte Jahre lang wichtige meteorologische Informationen.

Dachreiter

Ursprünglich war der Dachreiter nicht nur einfache Dekoration, sondern er diente dazu, die Holzspitze zu schützen, die bei antiken Dachstühlen überstand. Deshalb sieht man manchmal Schmuck an beiden Firstenden. Wenn man ihn abnimmt oder er beschädigt ist, findet man häufig Objekte, die im Inneren untergebracht wurden, um das Haus zu schützen: ein blankes Beil, Echtes Johanniskraut, »Jageteufel« genannt, oder Fulgurite. Wenn der Dachreiter angebracht wurde, bat man häufig einen Priester, zu kommen und ihn zu segnen.
Man findet Dachreiter vor allem aus Ton – dieser ist häufig mit einem gelben oder grünen Bleilack überzogen –, aus Zink (vor allem im 20. Jahrhundert), aus Blei und sogar aus behauenem Stein und in sehr verschiedenen Größen: Von 30 cm bis zu 1,50 m bei ineinandergreifenden gedrehten Stücken.
Es gibt die vielfältigsten Formen. Besonders einfallsreiche Handwerker haben manchmal wahre Kunstwerke aus diesen nützlichen Gegenständen gemacht. Die einfachsten bilden geometrische Formen wie Spitzen, Kugeln, Tannenzapfen, Kegel oder Kreuze ab, während in manchen Regionen Tiere wie Füchse, Vögel oder Schafe sehr beliebt waren. Auf den alten Taubenschlägen in der Garonne-Ebene bemerkt man häufig ein einfaches Paar Flügel oder eine Schwanzspitze.
Oft machten in den Ton gearbeitete Aushöhlungen bei einer bestimmten Windrichtung Pfeiftöne. Der Hahn oder der Jäger (oft aus Zink) sind spätere Darstellungen. Seltener waren Personendarstellungen, die herrschaftlichen Wohnsitzen oder Edelleuten vorbehalten schienen.

TIPPS FÜR SAMMLER

Handgearbeiteten Firstschmuck aus Ton von einem industriellen Modell zu unterscheiden, erfordert ein gutes Auge. Die Industriemodelle haben häufig den gleichen Rotton wie die Dachziegel und sind innen und außen ziemlich glatt, weil sie aus einer Gussform kommen. Die handwerklichen Produktionen sind mit der Hand auf der Töpferscheibe gedreht und die Spuren dieser Technik sind offensichtlich. Alte Dachreiter tragen die Spuren der Zeit: Sprünge in der Emaille, Moos und Verschmutzungen. Es wurde wenig Farbe verwendet: hauptsächlich grün, braun und gelb. Alter Firstschmuck aus Metall ist leichter auszumachen: Zusätzlich zu den Rostspuren ist er an den Rändern oft sehr vermoost und verbeult. Schließlich sollten Sie noch wissen, dass irdener Firstschmuck sehr schwierig zu restaurieren ist, Metallteile können hingegen oft problemlos repariert werden.

2.

1. Hübsch in Szene gesetzt: Dachreiter und alte Wetterfahne.

2. Einige Modelle aus einem Katalog von 1887.

1 bis 4. Manchmal zieren überraschende Arbeiten das Dach: ein Glockentürmchen, das eine oder zwei Glocken birgt, eine grazile Wetterfahne oder ein Dachreiter, den ein abflugbereiter Falke überthront.

Tiere auf dem Dach

1892 schuf ein gewisser Maurice Comptet ein auf Töpferware spezialisiertes Unternehmen, die Mühle von Bavent, zwischen Caen und Cabourg gelegen, einer Region, die damals reich an Tonbrüchen war. Seine Arbeiter stellten hauptsächlich Firstschmuck her, aber auch Cabochon-Steine und Schilder mit dekorativen Reliefmotiven für große Wohnsitze in Deauville und Honfleur. 1903 sicherte er sich die Zusammenarbeit mit einem Künstler: Aimé Jacquier, der Tausende von Formen mit Tierbildnissen von Fröschen, Katzen, Störchen und Gänsen kreiert. Es wurde ein Erfolg und die Dächer der Häuser in der Normandie nahmen diesen Zoo mit Begeisterung auf.

Heute fertigt die Mühle von Bavent immer noch identisch – Tausende alte Formen wurden wiedergefunden – diese zauberhaften Tiere, die Amerikaner und Japaner wiederum übernommen und in ihren Gärten oder am Rand ihrer Swimmingpools aufgestellt haben.

Wetterfahnen

Einige sehr alte Wetterfahnen stammen aus der Antike und die von Athen (auf dem Turm der Winde), die die Hauptwindrichtungen der Windrose anzeigte, ist zweifellos die Vorfahrin aller anderen.
Die ersten Modelle kamen aus England und den nordischen Ländern. Die Wikinger statteten übrigens ihre Boote mit einem rudimentären Modell aus. Aber die Rolle der Wetterfahne beschränkte sich nicht auf ein simples meteorologisches Instrument. Sehr schnell symbolisierte sie auch noch anderes: die gesellschaftliche Stellung des Hausbesitzers, seine Hobbys oder seine Tätigkeit. Dabei blieb sie den oberen Gesellschaftsschichten vorbehalten, dem Klerus und dem Adel.
Im 10. Jahrhundert befahl eine päpstliche Bulle, dass jede Kirche von einem Hahn aus Metall überragt werden solle, als Symbol für den heiligen Petrus. Im Mittelalter zeigte eine Wetterfahne in Form der *Oriflamme,* der Reichsfahne der französischen Könige, die Machtübernahme der Örtlichkeit durch den Grundherren an. Der Teppich von Bayeux (1066), der die Eroberung Englands durch Wilhelm den Eroberer darstellt, setzt einen Mann in Szene, der den Hahn von Westminster Abbey abnimmt.
Im 19. Jahrhundert begeisterten sich die Bürger zunehmend für dieses Symbol, das allen Arten von Gigantentum Form verleiht: Engel, Schilde und *Oriflammen* schmückten die Glockentürme. Im 16. Jahrhundert stellten sie überwiegend Heilige dar, die den Ort schützen sollten.
1791 schafft die Revolution die Privilegien des Ancien Régime ab und alle Bürger Frankreichs bekamen das Recht, eine Wetterfahne zu besitzen: Auf den Dächern der Städte sprossen damals alle Arten von mehr oder weniger interessanten Modellen. Das 19. Jahrhundert behielt die Wetterfahnen den Händlern vor, die daraus ihr Aushängeschild machten, während Adlige und Bürger sie verschmähten, bis Viollet-le-Duc sie während der Restauration wieder in Mode brachte, indem er ihnen einen großen Platz in seinen Arbeiten gab.
Im 20. Jahrhundert waren sie schließlich der Modernität verpflichtet und mit Messfühlern ausgestattet, die die atmosphärischen Bedingungen wie Luftdruck, Windrichtung und Luftfeuchtigkeit erfassten.
Bis ins 19. Jahrhundert wurden alle Materialien verwendet: Töpferware, Messing, Holz, Eisen und Blei (vor allem im Mittelalter). Im 20. Jahrhundert setzte sich das Zink dank industrieller Dachspezialisten durch, die Modellkataloge anboten.

Ein paar Symbole

Der eckige Wimpel, sehr häufig im Mittelalter, war dem Adel vorbehalten. Er war ein Auszeichnungsmerkmal, vor allem für einen erwiesenen Gefallen. Einige Gemeinden schmückten damit ihren Glockenturm.
Monster, Drachen und Schimären waren in der Renaissance verbreitet.
Der Biber, eine der ältesten Wetterfahnen in London, ist das Emblem der Hudson-Company, die 1670 gegründet wurde und den Pelzhandel mit den Indianern in Kanada betrieb.
Das naturgeschichtliche Museum in Paris besitzt eine Wetterfahne in Form eines Fisches, während die Royal Exchange, die Londoner Börse, eine Heuschrecke ziert.

TIPPS FÜR SAMMLER

Gerade sind Wetterfahnen wieder in Mode und werden serienmäßig produziert, aber es ist einfach, ein neues von einem alten Modell zu unterscheiden, das von der Witterung abgenutzt ist und diverse Spuren und Verschmutzungen aufweist. Die Modelle des 19. Jahrhunderts sind noch leicht aufzutreiben, aber die älteren sind sehr selten und wahre Museumsstücke.

1.

2.

3.

4.

FENSTER

Sie lassen das Licht und die Sonnenstrahlen ins Haus, und gewähren Blicke nach draußen.
Die Fenster haben sich mit der Zeit beachtlich verändert.
Was haben schon mittelalterliche Schießscharten, zum Garten hin weit geöffnete Fenstertüren im Haussmann-Stil und eine vollverglaste Veranda gemeinsam?
Meist rechteckig, manchmal rund, mit großen durchgehenden Glasflächen oder durch Holzsprossen unterteilt, mit einem oder zwei Flügeln, durchbrechen sie die Fassade und sorgen für Licht. Auf dem Land fügten sich Luken und Gauben ins Dach, um das Dachgeschoss zu erhellen, während bei Stadthäusern das Ochsenauge vorgezogen wurde.
Auf der Außenseite schützen Holzladen, massiv oder mit Aussparungen in Herz- oder Kleeblattform, oder Jalousien, die Lichtbündel durchlassen und die man mit hübschen Fensterriegeln schließt. Auf der Innenseite lassen sich die Fenster zum Beispiel mit einem Espagnoletten-Verschluss halb öffnen.
Sie sind umrahmt von Vorhängen, die man abends zuzieht, als schlösse man die Augen.

Vorhergehende Doppelseite

Das Sprossenfenster wird von einem Oberlicht überragt, das selten geöffnet ist, aber Licht spendet.

1. Typisch für große, bürgerliche Anwesen: Das Ochsenauge überragt die hohen Fenster im französischen Stil.

2 bis 4. Accessoires für das Fenster: vom Gardinenhalter bis zum Espagnoletten-Verschluss.

2.

Fenster

Jahrhundertelang hatten Häuser nur wenige Öffnungen, gerade eine Tür und ein, zwei Fensterchen. Im Winter wurden diese mit Vorhängen, Pergament oder Schweinsblasen abgedichtet, das Licht kam dann durch die Tür, deren oberen Flügel man offen ließ. Das Aufkommen von Glasscheiben stellt schließlich eine wahre Revolution für die Funktion des Fensters dar.

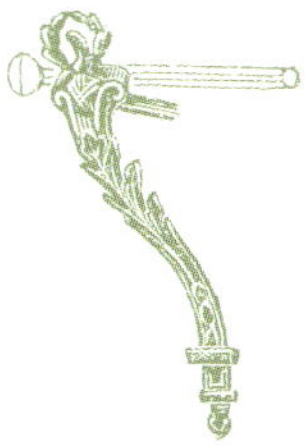

3.

Der Triumph des Lichts im Mittelalter

Obwohl schon die Römer Glasplättchen herstellten, die in die Fenster gesetzt werden konnten, produzierten Handwerker erst um das Jahr 1000 transparente kleine Scheibchen.

Die Entwicklung der Fenster kam erst im Mittelalter richtig in Schwung. Vom 12. bis zum 14. Jahrhundert stellten sie häufig das einzige dekorative Element im Außenbereich dar und symbolisierten so den gesellschaftlichen Status des Eigentümers. Scheiben, die häufig Kirchen und Kathedralen vorbehalten waren, blieben extrem teuer. Die Aristokraten, die welche besaßen nahmen sie während ihrer Sommerfrische sogar von Schloss zu Schloss in ihrem Gepäck mit. Große Glasfenster, die den Saal, oft im ersten Stock oder zur Straße hin, erhellten, waren sowohl innen als auch außen luxuriös verziert und häufig sehr farbig.

Im 12. Jahrhundert hatten die Fenster eine dreibogige Öffnung. Ein Stil, der Anfang des 13. Jahrhunderts für Fenster mit stark verzierten Kapitellen aufgegeben wurde: Das Licht triumphierte. Auf den Kreuzzügen hatten die Menschen aus dem Abendland bemerkt, dass im Orient die Gebäude mit in Gips gefassten Glasstückchen erhellt wurden. Sie ließen sich von dieser Methode inspirieren, fassten aber die Verglasung in Blei; eine Technik, die Prunkzimmern vorbehalten blieb.

Im Laufe der Jahrhunderte vergrößerten sich die Öffnungen, der obere, mit einem Rahmen ausgestattete Teil, entwickelte sich mehr und mehr. Um diese neue Lichtquelle auch innen aufs Beste auszunutzen, baute man Bänke an jede Seite, um von der Helligkeit bis zum Abend zu profitieren, wenn man Handarbeiten ausführte.

Im 14. Jahrhundert entschieden sich die Aristokraten in England für große Fensteröffnungen, zusammengesetzt aus kleinen Glasvierecken, die mit Blei verbunden wurden. Dies war der Vorläufer des sogenannten »Englischen Fensters«, während im 15. Jahrhundert in den nordeuropäischen

4.

1. In die Fassade eingelassenes Ochsenauge, traditionell im obersten Stockwerk.

2. Das Fenster nimmt manchmal die gleiche Form wie die Tür an, mit einer durch Läden geschützten Rundung im oberen Teil.

3. Klassisch und abgerundet: Verglaste Sprossentür, typisch für das 17. Jahrhundert.

4. Rundes Ochsenauge aus Holz: Eine moderne Adaption der traditionellen Version.

Volksglaube

Bis ins 19. Jahrhundert war es nicht üblich, Fenster offen zu lassen. Die Medizin verbat es und Schulen und Krankenhäuser lebten wie unter einer Käseglocke. Um 1800 sperrte man sogar Kranke in einen Stall, um sie die als heilsam geltenden Ausdünstungen einatmen zu lassen. Volksglaube und Bräuche taten ihr Übriges: Man glaubte, dass durch das Fenster böse Mächte, der Tod und Werwölfe eindrangen. Bei einer Geburt oder einem Todesfall hingegen musste man das Fenster offen lassen, damit die Seele ins Haus oder hinaus konnte. In Deutschland las man aus dem Raureif, den die Kälte hinterlassen hatte, wie aus Kaffeesatz. Wenn die Eisschicht das ganze Fenster bedeckte, war das ein Zeichen für Freude, war sie dünn, bedeutete das Glück für die Bewohner, doch wenn sie Haarrisse oder Adern zeigte, drohten Kummer oder Streit.

Ländern zur besseren Ausleuchtung der Räume ein dreiwandiger Fenstervorsprung erfunden wurde, der Vorgänger des Erkers.

Die ersten Sprossenfenster

In der Renaissance verbreiterte man die Fenster mit Kreuzstreben oder überkreuzten Pfosten und stattete sie mit in Blei gefassten Scheiben aus. Am häufigsten verwendete man rechteckige Fenster und Bogenformen. Anfang des 17. Jahrhundert wurden die steinernen Fensterpfosten durch Holzstücke ersetzt, die die Fensterfläche in vier mal sechs kleine Rahmen mit Glas teilten. Im Laufe der Jahrhunderte tauchten die ersten Sprossenfenster auf. Die Scheiben waren unregelmäßig, hatten zahlreiche Lufteinschlüsse und waren oft grün- oder lilastichig wegen des Mangans und immer noch in Blei gefasst.

Französische Fenster

In der zweiten Hälfte des 17. Jahrhunderts tauchten auch die Schiebefenster auf, die das Erscheinungsbild der Häuser in ganz Nordeuropa verändern sollten. In Frankreich waren ab etwa 1630 die Scheiben durch kleine, mit Papier abgedichtete Holzstücke abgestützt, die man zum Putzen abnahm. Diese Fenster, mit kleinem Rahmen und leicht gewölbt, wurden schnell zum Inbegriff französischen Dekors. Das gewöhnliche Glas hatte noch grünliche Reflexe, während reiche Anwesen bereits mit großen, durchsichtigen Glastüren bestückt waren.

Große Fensterscheiben auf dem Vormarsch

Im 18. Jahrhundert ersetzten große Fensterscheiben die kleinen, und man begann, die Rahmen feiner zu machen.
Fensterläden verschlossen sie abends von innen. Die Läden waren immer auf beiden Seiten bemalt oder geschnitzt, damit sie sich auch umgeschlagen ins Dekor des Zimmers einfügten.

Das Vorhandensein von Fenstern wurde in so einem Maße zum Synonym für Wohlstand, dass in Frankreich, den Niederlanden und Großbritannien eine Steuer auf die Fensteröffnungen erhoben wurde. Als Reaktion darauf mauerten die Eigentümer einen großen Teil ihrer Fenster zu. In Amsterdam hingegen vergrößerte man die Fensterflächen, da die Anzahl der Fenster an der Hausfront Grundlage der Besteuerung war, nicht aber deren Größe.
Auf der Außenseite wurden die Fenster mit schmiedeeisernen, geschwungenen und verzierten Balkons verschönert. Von 1750 an vereinheitlichten sich die Fenster mit großen Scheiben und werden häufig mit bogenförmigen Oberlichten versehen.

Die Architekten setzen auf Formen

Im 19. Jahrhundert war es vor allem die Form, die die Architekten interessierte. Industrielle Produktionsmethoden und der Einsatz neuer Materialien boten vielfältige Möglichkeiten.
In dieser Epoche kam auch das Konzept der Hygiene auf. Die Innenräume sollten belüftet werden, um Keime zu vertreiben. Dies war eine immense Veränderung, die zur Konstruktion größerer Modelle zwang, die sich problemlos öffnen ließen. Die ersten Fenstertüren, die den Garten mit dem Zimmer verbinden, traten Ende des 19. Jahrhunderts in Erscheinung. Eine Geschichte besagt, dass sie »zufällig« erfunden wurden: Ein Fenster, dessen Sims sehr tief saß, soll während eines heftigen Unwetters bis zum Boden auseinandergebrochen sein. Ende des Jahrhunderts übernahmen die Engländer sie unter dem Namen »French windows« und auch in Deutschland werden sie als »französische Fenster« bezeichnet.
Anfang des 20. Jahrhunderts, und vor allem während der 1920er-Jahre, zeigte das Fenster sich in besonderer Zierde und dominierte manchmal die ganze Fassade gemäß dem Ideal der Glasarchitektur.

1.

2.

3.

4.

1.

1. Verschiedene Modelle von Gardinenstangen, wie sie Anfang des 20. Jahrhunderts in Katalogen angeboten wurden. Oben, von links nach rechts: Ein Modell mit Zugsystem, eine ausziehbare Stange für Scheibengardinen und eine weitere mit einfallsreichen Ringen. Unten, von links nach rechts: Ein Kupfergestell für die Vorhänge, eine kleine Kupferstange für Schiebegardinen mit Haken und eine weitere mit verzierten Endkappen.

2. Französische Fenster mit Läden auf der Innenseite.

Folgende Doppelseite

3. Metallrahmen eines Ochsenauges aus dem 17. Jahrhundert.

4. Steinernes Ochsenauge an einer Haussmann-Fassade mit einer prachtvoll barocken Tierskulptur.

TIPPS FÜR SAMMLER

Alte Fenster sind oft nicht dicht. Spezialisierte Antiquitätenhändler können die Fenster, ohne sie zu entstellen, mit Doppelglas ausstatten, das diesen Mangel behebt. Wenn Sie neue Öffnungen schlagen wollen, um dort ihre Fenster einzusetzen, müssen Sie eine Baugenehmigung einholen und eventuelle architektonische Auflagen in der Region beachten. Zu guter Letzt sind oft eine Verstärkung des Mauerwerks und der Einbau neuer Fensterstürze notwendig.

Fensterriegel

Sobald außen Fensterläden angebracht wurden, gab es dafür Schließsysteme. Oft ein System aus einem Haken und einer Zahnstange auf einer Holzleiste festgemacht, indem man es mit einem Metallriegel betätigte, erhielt man mehrere Öffnungsstufen. Um den Laden an der Wand festzumachen, gab es ein einfaches System: Ein auf dem Laden fixierter Haken fügt sich in ein in die Wand integriertes Schließblech.

Der Espagnoletten-Verschluss, im 19. Jahrhundert vereinheitlicht, läutete das Ende des einfachen Schieberiegels ein. Dieses zweiteilige System, das durch Rotation funktioniert und mit dem man beide Flügel mit nur einem Handgriff schließen kann, spielte auch eine wichtige praktische Rolle: Es stellte eine gute Robustheit der Tischlerarbeiten sicher.

Obwohl dieses System in der Stadt häufig benutzt wurde, verbreitete es sich auf dem Land nur langsam, dort verwendete man weiterhin das Riegelsystem: eine drehbare Stange, die oben und unten am Fenster angebracht wurde.

Anfang des 20. Jahrhunderts tauchte der Treibriegelverschluss auf. Dieses Drehsystem garantierte eine ausgezeichnete Abdichtung und sollte mehr und mehr verwendet werden.

Vorhänge, Gardinenstangen und Raffhalter

Vor Beginn des 17. Jahrhunderts waren Vorhänge am Fenster wenig gebräuchlich, eher hatte man Läden auf der Innenseite. Der Baldachin gewährleistete, in Dunkelheit schlafen zu können, geschützt vor Blicken und Luftzügen. Im 18. Jahrhundert begann man, Vorhänge vor den Fenstern anzubringen, um sich vor Kälte zu schützen. Meistens waren das einteilige Bahnen aus schwerem Stoff: Damast, Taft oder Drillich. Das primitive Aufhängesystem war eine Gardinenstange aus Eisen mit Kupferringen. Erst im 19. Jahrhundert wurden Vorhänge zu einem wichtigen Dekorationselement: In zwei Bahnen umrahmten sie das Fenster, passten sich dem Stoff der Polstermöbel und der Wandfarbe an. Besonders beliebt waren Samtvorhänge, mit Troddeln, Fransen und anderem Firlefanz wie im Theater. Sie wurden gerafft, gebauscht und verdeckten teilweise das Licht. Zur Befestigung dienten Gardinenstangen aus Kupfer oder Bronze, im Renaissance-, Louis-Quinze- oder Louis-Seize-Stil, die sich dem Mobiliar anpassen. Die passenden Raffhalter stützen den schweren Stoff.

In den folgenden Jahren gab es kaum Veränderungen und auch im 20. Jahrhundert sind Vorhänge Teil der Wohndekoration, passen sich dem Stil der Einrichtung an und unterstreichen ihn.

2.

2.

1.

2.

Dachfenster

Dachfenster variieren in ihrer Form: Dachluke, Dachfenster, Gaube, Giebelfenster oder Ochsenauge.

Wie die anderen architektonischen Elemente sind auch Dachfenster von der Mode des 17. bis 19. Jahrhunderts inspiriert und unterscheiden sich je nach Region. In der Picardie sind sie in den Putz geschnitten und mit Zierleisten aus Holz umrahmt. In der Bourgogne dekorierten die Steinmetze sie mit von der Antike inspirierten Voluten. In der Bretagne meißelten die Handwerker Putten in den blauen Sandstein.

Das Ochsenauge

Schon im Palast von Versailles wurde ein mit Fenstern ausgestatteter Saal, der als Vorzimmer für die Gemächer des Königs diente, durch eine Öffnung erhellt, die den Namen »Ochsenauge« trug.
Diese runde Tischlerarbeit, manchmal mit Zinkrahmen, war Standard in den französischen Bürgerhäusern des 19. Jahrhunderts, wo sie für Mansarden- und Schieferdächer vorgesehen war. Sie hat häufig einen Innendurchmesser von ca. 50 Zentimetern.

Die Dachluke

Ins Dach gebohrt, ist sie mit einem einteiligen Gestell ausgestattet, das wie ein Deckel geöffnet wird. Sie findet sich auf Schrägdächern, meist aus verzinktem Stahl mit 60 bis 80 Zentimeter Seitenlänge.

Das Dachfenster

Das Dachfenster dient sowohl zur Belichtung als auch zur Belüftung des Dachgeschosses. Extrem unterschiedliche Formen, Stile und Materialien zeugen sowohl von einer regionalen Vielfalt als auch vom gesellschaftlichen Rang des Eigentümers.
Dachfenster kamen auf dem Land relativ spät, erst mit der Ersetzung des Dachstrohs durch Ziegel oder Schieferplatten im 18. Jahrhundert, auf. Sie hatten ausschließlich Nutzwert: Das Heu war besser auf dem gut belüfteten Dachboden zu lagern und dort im Winter geschützt.
Dachfenster mit Giebel- oder Satteldach sind zweiteilig. Sie haben einen First, zwei Dachflächen und einen Giebel.

1. Dachgaube aus Holz, die in Kleeblattform geschnitten wurde und mit Fenster mit kleinen Scheiben. Es existieren Hunderte von Modellen, die Ergebnis regionaler Stile sowie der Kreativität des Meisters sind.

2. Gemälde von Gustave Caillebotte *Les Toits sous la neige* (Dächer unter Schnee) von 1878.

1. Großes Fenster mit Giebeldach mit zwei Glasscheiben.

2. Rundes Ochsenauge aus Stein, ein Modell, das im 19. Jahrhundert in Mode war.

3. Ein elegantes Dachfenstermodell mit Zeltdach, überragt von Firstschmuck.

4. Ein Glasfenster im oberen Bereich integriert sich in die Steinmetzarbeiten an der Fassade.

In der Normandie, der Auvergne und dem Quercy ist der Dachstuhl über ihnen in der Fassade sichtbar, während in Flandern ein Giebel aus Stein oder Holz, in der Île de France aus Kalk oder Gips, ihn verdeckt.
Im Perche oder in der Champagne findet man eher Dachfenster mit Walm- oder Zeltdach. Sie umfassen einen First und zwei Dachflächen, aber der Giebel wird durch eine dritte Dachfläche, die parallel zum eigentlichen Dach läuft, ersetzt. Manche haben sogar ein kleines Vordach.
Auf dem Land sitzen die Dachfenster oft sehr hoch. Sie sind aus Holz oder Stein, ragen über die Dachtraufe und sind über eine Leiter erreichbar. Man nannte sie Dachtüren oder Heufenster, als sie noch dazu dienten, das Heu ins Haus zu holen. In Gegenden intensiver landwirtschaftlicher Nutzung findet man sogar übereinander liegende Dachfenster, um große Mengen Grünfutter trocknen zu lassen.
Die Gauben, besonders in der Normandie und der Bretagne, entstanden, als das Dachstroh durch Schiefer ersetzt wurde. Sie haben nur eine Dachschräge und sitzen im Elsass häufig übereinander.
Giebelfenster und Gucklöcher sind ganz kleine Öffnungen, die aus einem Holzgestell und einem Fenstersturz bestehen und mit einigen Dachziegeln bedeckt sind. Sie wurden konstruiert, um ein bisschen Licht zu spenden, aber sicher auch, um Nachtvögel auf Mäusejagd hereinzulassen.

Fensterscheiben

So unmöglich es ist, ein komplettes altes Dachfenster zu finden – eine Ausnahme bildet das Ochsenauge – weil es integraler Bestandteil des Dachs ist, so gut können Sie ein neues einbauen und es mit alten Dachziegeln oder Schieferplatten decken und anschließend eine alte Fensterscheibe aufstöbern: rund oder oval, geschwungen oder, leichter aufzutreiben, mit vier oder sechs kleinen Scheiben, diese Mode war im 19. Jahrhundert sehr verbreitet.
Diese Scheiben sind natürlich im Falle einer Neuinstallation viel einfacher zu integrieren als im Falle einer Nachbildung, weil die Tischlerarbeiten sehr fein sind und manchmal unmöglich zuzuschneiden.

TIPPS FÜR SAMMLER

Ein Dachfenster installieren

Eine Ankündigung der Arbeiten im Bezirksamt genügt im Falle der Installation eines Dachfensters, sofern das Haus oder ein Nachbarhaus nicht unter Denkmalschutz stehen. Sie müssen dennoch einen Mindestabstand von 1,90 m zwischen dem Fenster und ihrer Grundstücksgrenze einhalten (bei frontaler Aufsicht) und 60 cm bei Seiten- oder Schrägsicht.
Auf alle Fälle sollten Sie einen Architekten oder einen spezialisierten Handwerker zu Rate ziehen.

Wenn das Fenster schon besteht

Im Falle einer Dachaufstockung oder der Änderung der Schräge ist eine Baugenehmigung Pflicht.
Wenn Ihr Haus neu ist und schon Dachfenster besitzt und der Ausbau des Dachgeschosses keine Veränderungen im Außenbereich zur Folge hat, sind keine verwaltungstechnischen Schritte notwendig. Vergewissern Sie sich dennoch beim Amt für Baurecht und Denkmalschutz.

1.

2.

3.

1.

Dekorative Verglasungen

In alten Tagen dienten Fenster nicht nur als Lichtquelle für Innenräume, sondern wurden, mit verschiedenfarbigen Glasstücken kunstvoll verziert, als Schmuckelement verwendet.

Ihren wirklichen Aufschwung erlebte die Glaserkunst im 13. Jahrhundert mit der gotischen Architektur, als die Fenster größer wurden und der Dekor nachzog. Es existierten damals drei große Bereiche: bildlich gestaltete Kirchenfenster mit Figuren des Christentums, historisierende, die sich dem Leben der Heiligen oder Bibelstellen widmeten und dekorative Fenster, verziert mit Wappen oder Herrschaftszeichen.

Vom Grau-in-Grau zu goldgelb

Glasmasse gewann man früher aus einer Mischung aus Sand und bei sehr hoher Temperatur eingeschmolzener Asche, zu der man Metalloxyde fügte, um die Masse zu färben. Ursprünglich bearbeitete der Glasbläser die Masse mit einem Hohlstab, um durch Blasen eine Art Zylinder zu formen. Dieser wurde, noch warm, der Länge nach aufgeschlitzt, um eine Glasscheibe zu erhalten. Die erfahreneren bliesen direkt ein Glasplättchen, das Külbel genannt wurde. Nach Ende des 16. Jahrhunderts verwendete man den Flachguss, bei dem der Arbeitsaufwand geringer war.

Der Glasermeister, der oft auch Zeichner war, fertigte die Entwürfe aus unechtem Glas an, um sicherzugehen, dass die Verglasung sich dem Fenster perfekt anpasste. Ein grundlegender Schritt, denn die Verglasung war aus Glasstücken geformt, die durch ein präzise zugeschnittenes Bleinetz und Eisenverstärkungen verbunden waren. Sobald der Entwurf fertig war, wurden die Buntglasstücke zugeschnitten.

Im Mittelalter brachte der Arbeiter ein glühendes Eisen auf das Glasplättchen auf, um die Umrisse des Stücks nachzuzeichnen, anschließend übergoss er es mit kaltem Wasser und unter dem thermischen Schock zerbrach das Glas entlang der Kontur. Im 15. Jahrhundert wurde diese Technik zugunsten des Diamanten, der einen präziseren Schnitt erlaubte, aufgegeben.

Anschließend war es an den Malern, die Initiative zu ergreifen. Konturen, Zeichenskizzen und Details von Gesichtern wurden mit den Schattierungen nur einer Farbe abgebildet, die Grisaille genannt wurde; diese Mischung aus Eisen- oder Kupferoxyd mit einem Schmelzmittel auf der Basis von Glas und einem Bindemittel – in der Regel Essig – wurde auf die Innenseite des Glases aufgetragen. Um die Grisaille zu fixieren, wurde das Glas anschließend wieder auf 600 °C erwärmt.

Im 14. Jahrhundert entdeckten die Glasermeister das Gelbgold, eine Farbe auf Basis von gemahlenen Silbersalzen, gebranntem Ocker und einem Lösungsmittel, das die Grisaille ersetzte und einen neuen Farbverlauf, von hellgelb bis orange, möglich machte.

In der Renaissance konnte man schließlich Farben auf ein und demselben Stück mischen, ohne sie wie bisher durch Blei trennen zu müssen und man verwendete diese Emaillen für noch abwechslungsreichere Farbverläufe. Kirchenfenster wurden zu

2.

3.

1. Typisches Buntglasfenster im Eingangsbereich oder Wintergarten.

2. Diese durchsichtige Verglasung ist nur in Blei gefasst und verdankt ihren Charme der Gestaltung.

3. Auschnitt eines Buntglasfensters. Die Verwendung von Emaille machte eine sehr große Farbvielfalt möglich.

1.

1. In der Epoche des Art Nouveau erlebte das Buntglasfenster seinen Höhepunkt mit sehr stilvollen Arbeiten.

2. *Deux femmes brodant sous une véranda* (Zwei stickende Frauen im Wintergarten) von Édouard Vuillard (1912). Ausschnitt.

einer anerkannten Kunstform und zum ersten Mal signierten die Glasermeister ihre Arbeit. Die Farben waren nuancenreicher, die Motive definierter und die Szenen ausgearbeiteter. Eine wahre Modewelle brach los, ebbte schließlich jedoch ab: zu überladen, zu viele Farben; im 17. und 18. Jahrhundert erlebte das Buntglasfenster einen starken Niedergang.

Wintergarten in Mode

Während der Restauration gewann die Religion wieder an Einfluss und eine große Zahl von Kirchen wurde wiederaufgebaut, die das kunstvolle Buntglasfenster wieder zeitgemäß machten: industrielle und standardisierte Buntglasfenster wurden nun in Katalogen verkauft und profitierten auch von der neuen Architekturmode der Wintergärten und prunkvollen Eingänge. Art Nouveau und Jugendstil eroberten sie und die größten Künstler der Epoche signierten bemerkenswerte Glasscheiben.

Nach dem Ersten Weltkrieg und der Zerstörung von prächtigen Glasarbeiten entschied der französische Staat über die öffentliche Finanzierung des Wiederaufbaus öffentlicher oder kirchlicher Gebäude. Die französische Schule stellte sich damals als eine der besten dar und es wurden Aufträge an große Maler wie Matisse, Léger oder Chagall gerichtet, die sich an der Kunst des Kirchenfensters versuchten.

TIPPS FÜR SAMMLER

Die Restaurierung eines Buntglasfensters ist eine extrem heikle Arbeit, die man einem Experten nur unter Androhung empfindlicher Konsequenzen anvertrauen sollte. Einige kleine Instandsetzungen können jedoch auch von Amateuren ausgeführt werden, besonders die Reinigung. Wenn das Glas sehr verschmutzt ist, stellen Sie zunächst sicher, dass die Grisaille und die Emaille auch am Glas haften bleiben, indem sie mit dem Fingernagel daran kratzen. Fangen Sie mit einer leichten Entstaubung an, wobei Sie regelmäßig danach schauen sollten, die Grisaille nicht zu beschädigen. Waschen Sie die Scheiben anschließend mit klarem Wasser und einem weichen Schwamm, um Ablagerungen aufzuweichen. Eine sehr minutiöse Arbeit, die Zeit und Geduld erfordert.

Um einen Bruch zu kitten, waschen und trocknen Sie das Teil gut. Verbinden Sie die Fragmente durch Stücke selbstklebendes Papier und lassen Sie den Flüssigklebstoff (speziell für Glas) durch ein Haarröhrchen in die Bruchstelle fließen, ohne dass er überquillt. Entfernen Sie anschließend sehr vorsichtig das Klebepapier.

1.

Fensterläden und Jalousien

Fensterläden, Jalousien und Rollos wanderten erst im 18. Jahrhundert von innen nach außen an die Fassaden und erschienen je nach Region in sehr unterschiedlichen Stilen.

Das Mittelstück von Fensterläden ist massiv. Wenn sie schräg stehende Lamellen haben, die das Licht durchlassen, nennt man sie Läden und wenn diese Lamellen sich verstellen lassen, nannte man sie Jalousien. Rollos sind meist aus Stoff und rahmenlos; sie sind frei beweglich.

Mit den Fortschritten im Fensterbau wurden auch Fensterläden gebräuchlich: Die Fenster wurden größer und man wollte sich vor Blicken schützen. Anfangs waren sie innen angebracht. Vor dem 17. Jahrhundert baute man sie aus zusammengefügten Brettern, wie die Türen. Die Bretter wurden durch senkrechte oder mit Nägeln beschlagene Querhölzer verbunden. Im 17. Jahrhundert wurden sie zum Rahmen passend unterteilt und häufig in der Farbe der Wandverkleidung gestrichen. Im 18. Jahrhundert nannte man sie »gebrochene Fensterchen« und sie wurden tagsüber in kleine Mauerlöcher heruntergelassen, die mit Holz verblendet waren. Aus massiven Lamellen und auf den Querleisten befestigt, saßen sie häufig als zweite Schicht außen über den Läden. Zu dieser Zeit wurden die Fensterläden nach außen versetzt und trugen zum Garten hin immer einen weißen Farbanstrich, ein architektonischer Code, den die Epoche verlangte. Schließlich hat auch jede Region »ihre« typischen Modelle: Im Alpenraum sind die Läden zum Beispiel häufig aus Massivholz mit einem kleinen herzförmigen Loch in der oberen Hälfte. In der Provence ist das Holz in der Regel in einer Farbe gestrichen, die sich vom Putz abhebt: in dunklen oder zarten Grüntönen, Rottönen, die seltener, aber auch älter sind, weil diese Farbgebung aus dem Mittelalter stammt, oder in Pastellblau, Lavendel oder im Gegenteil in sehr intensiven Blautönen, die Mücken abhalten sollen.

TIPPS FÜR SAMMLER

Alte Fensterläden und Jalousien haben unleugbar Charme, müssen aber genau untersucht werden: gewelltes oder wurmstichiges Holz lässt sich nicht restaurieren. Mit Scharnieren verbunden, können sie aber dennoch einen sehr anziehenden Paravent abgeben. Ein anderes Hindernis sind übereinanderliegende Farbschichten. Fensterläden abzubeizen ist eine wahre Sisyphosarbeit. Schließlich sollte man Läden am besten dort anbringen, wo sie ursprünglich gesessen haben, um zu vermeiden, dass der Stein an der Stelle der Verankerung splittert. Falls es noch keine gab, sollten Sie lieber Innenläden nehmen, die Sie links und rechts vom Fenster festmachen. Letzter Tipp: Wenn Sie sich für alte Bauelemente entscheiden, sollten Sie in jedem Fall regionaltypische Modelle wählen, die das Haus geschmackvoll einkleiden.

1. Ausschnitt aus *Les Volets clos* (Die geschlossenen Fensterläden) von Elizabeth Nourse, 19. Jahrhundert.

Folgende Doppelseiten

1. Große Läden zum Balkon hin: eine Tradition im Süden.

2. Antike Massivholzläden, die aus vernagelten Holzlatten bestehen.

3. Charmante Mischung aus festen und verstellbaren Läden im unteren Teil.

4 und 5. Zwei alte Griffe an Espagnoletten-Verschlüssen.

6. Diese Läden wurden aus ästhetischen Gründen der Form des Fensters angepasst: Nur die unteren Teile lassen sich öffnen.

7 und 8. Ein Trend in der Inneneinrichtung: Alte Läden, die als Schranktüren, Paravent oder Wandverkleidung benutzt werden.

1

2.

3.

4.

5

6.

7.

DER FUSSBODEN

Parkett, Fliesen, Terrakottafliesen – bevor Bodenbeläge sich der jeweiligen Mode anpassten, wurden sie entsprechend den Rohstoffen in den verschiedenen Provinzen eingesetzt. In holzreichen Regionen wurde Holzparkett bevorzugt, in Form von simplen, großflächigen Konstruktionen mit einfachen Dielen, später mit ausgefeilten Mustern, wie dem berühmten Französischen Parkett (Tafelparkett), manchmal mit Intarsienarbeiten. Andere Regionen bevorzugten Terrakottaböden. In wohlhabenden Häusern waren Fliesen aus Stein oder Marmor verlegt.

Die Fliesen wurden von Hand in quadratischen, recht- oder sechseckigen Formen gefertigt, dadurch erlangten sie einen bemerkenswerten Formen- und Farbreichtum.

Später wurden die verschiedenen Bodenmaterialien nach einem fest etablierten Code verwendet: Fliesen im majestätischen Eingangsbereich, Parkett in großen Empfangszimmern sowie den oberen Stockwerken und Terrakottafliesen in der Küche oder in rustikalen Esszimmern.

1.

Parkett

Schon im römischen Gallien waren die Häuser mit abgesenkten Fußböden ausgestattet. In mittelalterlichen Städten wurden sie mit Stein, Terrakotta oder Mosaiken bedeckt und erst im 17. Jahrhundert kamen Holzböden in Mode.

Von Dielenbrettern zum Tafelparkett

Im 17. Jahrhundert entsprachen, obwohl Fliesen immer noch in Mode waren, allmählich Holzdielen dem Zeitgeschmack. Man nannte sie Parkett, um an den abgegrenzten Bereich rund um das Podium zu erinnern, auf dem das Gericht tagt. Es handelte sich um miteinander verbundene Eichendielen, die diagonal gelegt wurden und aneinanderliegende oder sich ergänzende Abteilungen bildeten. In den Häusern der Reichen waren sie mit Intarsien verziert, mit stern- oder lilienförmigen Einlegearbeiten aus Elfenbein oder Zinn. Sie waren sehr zerbrechlich und Privatgemächern oder kleinen Zimmern vorbehalten und wurden nur bis Ende des Jahrhunderts verwendet.

Im 18. Jahrhundert kehrte man zum großflächigen Tafelparkett in den Empfangszimmern zurück. Dieses »Französische Parkett« war einigen priveligierten Schloss- oder Stadtvillenbesitzern vorbehalten. Es hatte oft geometrische Muster und glänzte sehr, denn es wurde stark gebohnert.

Im 19. Jahrhundert waren die Bodenbeläge, eher einfach, gebleicht, gewachst oder in einer dunklen Farbe gestrichen und üblicherweise von zahlreichen Teppichen bedeckt. Bis Mitte des 20. Jahrhunderts waren sie aus Kiefer, während sie in älteren Häusern und auf dem Land aus breiten Eichendielen gemacht waren.

Die Verlegemuster

Es dominieren fünf große Verlegemuster: der englische Verband, Hochkantlamellen, das Fischgrätmuster, das Französische Parkett und das Intarsienparkett. Das Parkett im englischen Verband hat einfache, parallele Dielen. Eine Schlichtheit, die das Wesentliche des Holzes zur Geltung bringt. Weil es so zeitgemäß ist, ist es im Moment das gefragteste bei Antiquitätenhändlern. Beim Parkett mit Hochkantlamellen wechseln sich helle und dunkle Dielenreihen ab. Es kommt häufig in Häusern im Haussmann-Stil vor und wird in der Regel aus 70 Millimeter breiten und 23 Millimeter dicken Dielen gefertigt. Das Fischgrät- oder doppelte Fischgrätparkett ist weiter ausgearbeitet. Das Französische Parkett, zweifellos das raffinierteste und prestigeträchtigste, passt gut in besondere Häuser, eignet sich aber schlecht für moderne Interieurs. Schließlich gibt es noch das Intarsienparkett, das oft nach Maß für ein Haus entworfen wurde und mehrere Holzsorten vereint. Es wurde im Russland des 19. Jahrhunderts gerne verwendet.

Altes Parkett restaurieren

Wenn Sie ein altes, fleckiges oder verschmutztes Parkett haben, können Sie selbst einige kleine Restaurierungen vornehmen – die wichtigeren müssen den Spezialisten vorbehalten bleiben. Wenn

Vorhergehende Doppelseite

Eine besonders gelungene Mischung aus alten Fliesen und Parkett.

1. Französisches Parkett, auch Versailler Parkett oder Tafelparkett genannt. Es besteht aus kleinen quadratischen Eichentafeln, die von schmaleren Dielen umrahmt werden. Eins der schönsten Parkettmuster der Welt.

1.

1. *Les Raboteurs de parquet* (Die Parketthobler) von Gustave Caillebotte, 1875.

2. Parkett im englischen Verband.

3. *Ring Toss* (Ringewerfen) von Clarence Hudson White, 1903.

4. Fischgrätparkett.

5. Eine originelle Verlegeart: Der englische Verband ist von waagerechten Leisten durchzogen (Leiterboden).

das Parkett sehr schmutzig ist oder mit Auslegware oder Linoleum bedeckt war, kratzen Sie zuerst die gröbsten Flecken mit Glaspapier oder einem Hobel ab. Nageln Sie schlecht sitzende Dielen neu fest und drücken Sie zu weit herausstehende Nägel herunter.

Um tiefe Fugen neu zu stopfen, verwenden Sie Lamellen aus dem gleichen Holz oder füllen Sie sie mit einer Mischung aus Klebstoff und Sägemehl in der gleichen Farbe wie die Dielen. Sie können auch einen speziellen Kitt verwenden. Tragen Sie anschließend eine Holztinktur auf, um die Farbe aufzubessern.

Wenn die Oberfläche sehr dreckig ist, muss sie maschinell abgeschliffen werden. Das ist eine mühsame, aber wirkungsvolle Arbeit, weil dabei die oberste Holzschicht abgetragen wird, ohne dass es beschädigt wird: Massivholz ist dick und die Dielen aus einem Stück gesägt.

Das Finish

Sobald das Parkett abgeschliffen ist, kann man es entweder bleichen, um es zu aufzuhellen oder färben, um es dunkler zu machen. Eine Aufhellung mit Ammoniak oder einem weißen Wasserlack lässt die Farbe des Holzes verschwinden. Um es zu bleichen, reibt man anschließend die Oberfläche mit Kalkmilch ab. Altes Parkett, das so behandelt wurde, sieht sehr elegant aus und harmonisiert gut mit zeitgenössischen Interieurs.

Um das Holz dunkler zu machen, verwenden Sie handelsübliche Beizen oder Lacke, die es in allen möglichen Nuancen gibt, von heller Eiche bis zu Mahagoni. Diese Behandlung wertet gewöhnliche Hölzer wie Kiefer, Tanne, Pinie auf.

Um die Instandhaltung zu erleichtern, tragen sie eine dicke Wachsschicht auf, die vor Feuchtigkeit und Flecken schützt. Erneuern Sie die Bohnerschicht alle sechs Monate, nachdem Sie gründlich entstaubt haben oder nach einer Reinigung mit sehr milden Reinigungsmitteln, die nicht abgewaschen werden müssen.

TIPPS FÜR SAMMLER

Achtung vor falschen Parkettdielen! Manche wurden maschinell aus alten Balken, Gleisschwellen oder anderem Altholz zurechtgeschnitten. Dieses minderwertige Parkett wird leicht von holzfressenden Insekten befallen.

Hell oder Dunkel?

Wenn Sie Parkett für ein häufig betretenes Zimmer kaufen, sollten Sie wissen, dass es besonders leicht angegriffen und Spuren davon tragen wird: Kratzer, Stöße, Gehspuren und Abdrücke der Möbel. Es ist ratsam, helles Holz zu wählen, da dunkles schneller verschmutzt.

3.

5.

1.

Bodenfliesen

Fliesen sind in Farbe und Form regional sehr verschieden, denn da die Transportmittel vor dem 19. Jahrhundert wenig entwickelt waren, wurden die Fliesen meist nur einige Kilometer von ihrem Verwendungsort entfernt produziert.

Terrakottafliesen

In der Provence oder den Pyrenäen – Regionen, die noch römisches Erbe tragen – wurden Terrakottaböden bereits ab dem 15. Jahrhundert verwendet. Zuerst waren sie der wohlhabenden Klasse vorbehalten und wurden erst im 18. Jahrhundert sowohl in den Städten als auch auf dem Land gang und gäbe.

Die Herstellungsmethoden sind während mehrerer Jahrhunderte die gleichen geblieben. Dazu wurde Ton zunächst unter freiem Himmel zum Trocknen gelegt, im Winter oft für mehrere Monate. Er zerbröckelte, dann zerkleinerte man ihn weiter und mischte ihn schließlich in einem Becken mit Wasser. Das Wasser wurde anschließend weggekippt und der so erhaltene Schlamm gewann dadurch Konsistenz und Elastizität. Dann wurde die Masse von Rückständen, Steinchen und Wurzeln gereinigt und lange auf einer Fläche geknetet, wo man sie mit der Schaufel bearbeitete oder Kühe darüberlaufen ließ. Die Fliesen wurden anschließend von Hand in Werkstätten geformt, in denen Erwachsene und Kinder das ganze Jahr über 14 Stunden am Tag arbeiteten.

Herstellung von Hand

Auf einem langen, 50 Zentimeter breiten, geneigten Tisch setzte der Former seine Rahmen: einfach oder doppelt, aus Holz oder Metall. Neben ihm eine Tonkugel, ein Wasservorrat, in dem er den Rahmen nach jeder Benutzung reinigte und ein kleiner Haufen gesiebter Sand. Nachdem er den Rahmen in Wasser getaucht und die Oberfläche mit Sand bestäubt hat, schlug der Fliesenmacher den Ton und strich ihn anschließend mit einem kleinen Holzlineal glatt. Kinder, die »Träger«, nahmen anschließend die Fliesen und ordneten sie reihenweise auf dem sandigen Boden an.

Die Fliesen wurden zunächst zum Trocknen nach draußen gelegt oder in windige Schuppen, um die Trocknung zu beschleunigen. Danach wurden sie, oft auf offenem Feld, in Tunnelöfen, die aus Holz und Grünabfall improvisiert worden waren, gebrannt. Ihre Farben waren je nach verwendetem Ton, aber auch wegen der Sonnen- oder Windtrocknung unterschiedlich. Im 13. Jahrhundert dominierten Rottöne, teilweise von gelblicher Erde durchzogen und einem durchsichtigen Emailleüberzug. Die Fliesen wurden einzeln oder in Viererblöcken angeordnet, um Musterkombinationen zu bilden

Formen und Farben

Erst im 16. Jahrhundert kamen farbige Keramikfliesen auf: grün, hellblau, gelb. Der Boden wurde angelegt, um ihn mit viel

1. Bodenfliesen aus Zement mit einer Mäanderborte. Diese Art von Belag war bis zum Zweiten Weltkrieg sehr beliebt.

1.

2.

3.

4.

5.

6.

1 bis 12. Auszug aus Katalogen vom Anfang des 20. Jahrhunderts: Diese Beispiele von Terrakotta- und Zementfliesen zeugen von einem außerordentlichen Einfallsreichtum. Die Muster wurden von Hand gezeichnet und von Töpfermeistern reproduziert.

Folgende Doppelseite

13. Sehr gängig: Verlegung im Schachbrettmuster.

14. Tonfliesen wurden auch in Prunkzimmern verwendet. Wenn sie regelmäßig gewachst wurden, haben sie auf Dauer eine schöne Patina erhalten.

Wasser abzuwaschen, denn Menschen und Tiere teilten sich den gleichen Raum. Im Winter bedeckte man ihn mit Stroh, um sich gegen Kälte zu schützen und im Sommer mit wohlriechenden Pflanzen, die ihren Duft verbreiteten, wenn man sie zertrat. Der Boden war zu Szenen oder Mustern zusammengesetzt, aber Terrakotta blieb während der Renaissance die erste Wahl und bis ins 19. Jahrhundert blieb er das beliebteste Material für Nebenzimmer.
Auch die Form der Fliesen variierte je nach Region und Epoche. Ab dem Ende des 18. Jahrhunderts verwendete man in Paris nur noch zwei Fliesenformen: quadratische und vieleckige (sechs- oder seltener achteckige), jede dreidimensional, aber mit Abweichungen: Die sechseckige Fliese zum Beispiel, konnte regelmäßig sein oder lang gezogen, dann hieß sie »Barlong«. Jede Form hatte ihr Einsatzgebiet: das große Quadrat für Ballspielhallen, Kamine und Küchen, sechseckige Fliesen im Erdgeschoss und kleine, nicht so dicke Fliesen in den oberen Stockwerken.
Später fanden sich überall nur noch drei Fliesenmodelle: quadratisch, rechteckig und sechseckig. Weiter entwickelte Formen, wie die Barlong, verschwanden und mit ihnen eine große Zahl von Dekorationsmöglichkeiten. Im 18. Jahrhundert waren Terrakottafliesen in den Städten und auf dem Land in schönen Häusern den funktionellen Zimmern vorbehalten, während in den oberen Stockwerken das Parkett aufkam. Weil sie sehr zerbrechlich und empfindlich gegen Abnutzung waren, nahmen sie einfache Formen an; in Kirchen und Herrenhäusern kombinierte man sie manchmal mit dekorierten Fliesen oder Mosaiken.

Klinkerfliesen

Mitte des 19. Jahrhunderts begann in Großbritannien die Produktion von »Klinkerfliesen«. Diese in Form gebackenen, aus

7.

8.

9.

10.

11.

12.

grobem Ton hergestellten Fliesen waren quadratisch und hatten eine ungleichmäßige Oberfläche in den natürlichen Farben des Tons. Als Alternative zu den von Hand hergestellten Fliesen waren sie sehr poulär, zumal sie relativ billig und sehr widerstandsfähig waren. Aber leider lassen sie sich schlecht polieren.

Zementfliesen

Der Zement, der Ende des 19. Jahrhunderts eingeführt worden war, stellte eine beachtliche Innovation dar: Seine gute Dichte, seine große Widerstandsfähigkeit gegen Fußtritte und seine schnelle Abbindung machten ihn bald zu einem beliebten Konstruktionsmaterial. In der Ardèche fertigte man handwerklich Zementfliesen, auch »Verschleißfliesen« genannt, die bis zum Zweiten Weltkrieg einen beträchtlichen Erfolg erzielten, bis sie in die Kolonien verbannt wurden, besonders nach Marokko. Die Zementkachel wurde auf der Basis von Zement, Silizium und Marmormehl gänzlich von Hand gemacht, die Masse eingefärbt und nicht gebrannt, sondern unter freiem Himmel getrocknet, was die Farbe erhielt.

TIPPS FÜR SAMMLER

Wenn Sie Ihre Fliesen im Stapel kaufen, passen Sie gut auf: Abgesehen von den unvermeidlichen Beschädigungen ist der Reinigungsaufwand oft enorm. Wenn die Fliesen mit Kalk bedeckt waren, kann man ihn leicht entfernen, aber nicht, wenn es sich um Zement handelt. Außerdem werden alte Fliesen, die nicht seit Jahren gepflegt wurden, nie mehr glänzen und porös bleiben. Vertrauen Sie lieber einem Spezialisten, der Ihnen gereinigte und nach Größe sortierte Fliesen in gutem Zustand verkauft.
Alte handgemachte Fliesen besitzen eine sehr feine Farbigkeit, was bei neueren nicht der Fall ist, die eine rauere Textur haben.

13.

1.

2.

1 bis 3. Drei Mosaiken-Typen: Teppichmuster, Zeichnung und Arabeskenmuster. Das Mosaik ist als Bodenbelag besonders widerstandsfähig, vor allem, wenn es Stücke aus Buntsandstein einfasst, der darüber hinaus unverformbar und nicht porös ist.

1. Mosaik in der Villa Kerylos in Beaulieu-sur-Mer.

2. Mosaik im Hotel Nord Pinus in Arles, inspiriert von den Silhouetten der Frauen aus Arles von Léo Lelée.

3. Mosaik im Palazzo Labia in Venedig.

Mosaike

Die Mosaiktechnik wurde Ende des 19. Jahrhunderts reichlich eingesetzt, mit sehr bunten, stilisierten oder geometrischen Gestaltungsformen. Diese Methode arbeitet mit Stein-, Glas- oder Keramikteilchen und hatte im 11. und 12. Jahrhundert ihre Blütezeit.

Das Geheimnis der besten Handwerker? Die kleinen Stücke so kunstvoll im Gesamtbild auszurichten, dass sie das Licht bestmöglich einfingen. Im Jugendstil feierte das Mosaik seine große Rückkehr in die Dekoration unter dem Einfluss des großen katalanischen Architekten Antonio Gaudí, der es wieder zur Mode machte.

Später verwendeten Architekten es, um Wände, Böden, Säulen und Eingänge von Hochhäusern zu verkleiden. Außer Marmor verwendeten Keramiker Buntsandstein, der in einer großen Farbvielfalt verfügbar und solider war.

TIPPS FÜR SAMMLER

Zementfliesen zerbrechen leicht, besonders, wenn etwas Schweres auf sie fällt. Sie können dann eine Reparatur versuchen, müssen aber sorgfältig sein. Mischen Sie Zementpulver mit einem Pigment, das möglichst nah an der Ausgangsfarbe ist. Fügen Sie Wasser hinzu, um eine schön kompakte Masse zu erhalten. Verstreichen Sie diese in dem Sprung oder der Bruchstelle mit einem Spatel und glätten Sie mit einer alten Kreditkarte die Oberfläche, sodass nichts übersteht. Lassen Sie es trocknen und tragen Sie später eine weitere Schicht auf, bis der Sprung ausgefüllt ist.

3.

1.

2.

Stein, Marmor und Granit

Kalkstein oder Granit waren auf dem Land sehr gebräuchlich, während der repräsentativere Marmor eher den Boden von Bürgerhäusern in der Stadt bedeckte.

Stein

Im 17. Jahrhundert waren noch emaillierte Fliesen in Mode, man begann aber schon, Steinfliesen zu verwenden, die im Schachbrettmuster auf dem Boden verlegt wurden. Im 18. Jahrhundert hatte der französische Dekor seine Blütezeit und die Böden im Flur, in den Vor- und Esszimmern wurden mit dickfugigen, sechseckigen Steinfliesen ausgelegt, mit kleinen Cabochon-Fliesen aus schwarzem Stein, Schiefer oder grüner Fayence dazwischen. Die Böden wurden von einer rahmenden Borte betont, die an der Wand entlanglief. Im 19. Jahrhundert entwickelte sich die Dekoration weiter, repräsentativer Luxus und Marmor wurden großgeschrieben.

Frankreich war extrem reich an Steinvorkommen: Mehr als zweihundert Sorten sind im Land vertreten und davon fast siebzig für Bodenbeläge geeignet.

Je nach Region unterscheidet sich Größe und Form stark: heller Stein in der Bourgogne, roséfarbener in den Alpen, dunkler Lavastein in der Auvergne, weißer in der Provence. Diese Steine können auch für draußen verwendet werden, denn, wenn der Stein sensibel auf Abnutzung reagiert, braucht es Jahre, ja sogar Jahrhunderte, bis er marode wird. Im Gegenteil, er setzt im Laufe der Zeit eine ansehnliche Patina an. Ein anderer Vorteil ist, dass er so solide ist, dass er schwere Lasten tragen kann: Früher war er das beliebteste Material für Festungsbauten. In heißen Gegenden schätzt man ihn wegen seiner Kühle.

Marmor

Im 16. und 17. Jahrhundert war der Gebrauch von Marmor für Dekorationen gängig, in Palästen wie in Privathäusern benutzte man ihn vor allem in Schwarz und Weiß und er kam im Wesentlichen aus Italien. Erst im 17. Jahrhundert wurden zahlreiche Steinbrüche entdeckt – Frankreich zählte damals zu den wichtigsten Produktionsländern – und der Gebrauch von Marmor verbreitete sich. Leider erschöpften sich die Reserven und die Verwendung war bald nicht mehr in Mode. Man musste ihn damals aus Belgien oder Italien importieren.

Im 19. Jahrhundert ließen die wesentlich verbesserten Transportmittel und die Ersetzung familiärer Betriebe durch maschinell ausgestattete Fabriken eine starke Preissenkung dieses Materials zu und seine Verwendung erfreute sich erneut allgemeiner Beliebtheit.

Marmor, dieses natürliche Felsgestein, muss nicht gebrannt werden. Bei Bodenbelägen muss es mindestens 15 bis

1. Alte Fliesen mit viereckigen schwarzen Cabochon-Fliesen: Ein sehr klassischer Boden im französischen Dekor des 18. Jahrhunderts.

2. Auch sechseckige Modelle können als Cabochon-Fliesen verwendet werden.

1. Boden aus sehr kleinen, unregelmäßigen Steinen, die wie ein Mosaik angeordnet wurden.

2. Große Steinfliesen in der Champagne.

3. Eine harmonische Mischung: Die sechseckigen Fliesen mit Cabochon-Fliesen gehen in einen Boden aus einfachen, geometrisch verlegten Fliesen über.

4. Alte, handgemachte Fliesen: Alle Steine haben verschiedene Ausmaße.

5. Rohlinge für Steinfliesen, fertig zum Zuschnitt.

1.

20 Millimeter dick sein. Je nach Region hat Marmor extrem unterschiedliche Farben: weiß – der reinste –, beige, blau, schwarz oder sogar rot oder violett, mit mehr oder weniger ausgeprägten Adern. Ziehen Sie für den Boden abgeschliffene oder geschmirgelte Ausführungen vor, um Ausrutschen zu vermeiden.

Granit

Für seine Härte und Langlebigkeit bekannt, präsentiert sich Granit in einer Farbvielfalt entsprechend den Vorkommen, aus denen er gewonnen wird: blau-grau oder rosa in der Bretagne, weiß in Spanien, schwarz in Schweden, grau gesprenkelt auf Sardinien oder rot in Finnland. Das gesprenkelte Aussehen kommt von der Zusammensetzung: eine Mischung aus Feldspat, Quarz und Glimmer, die im Gestein miteinanderverschmilzt. Die Verarbeitungstechnik bestimmt seine Weiterverwendung: poliert für drinnen oder grobkörnig für draußen und für Bodenbeläge.

TIPPS FÜR SAMMLER

Wählen Sie auf jeden Fall Steine aus der Region, sie machen ihr Dekor authentisch. Alte Steine haben oft unregelmäßige Formen und die Dicke variiert. Machen Sie also einen Plan für die Platzierung, bevor Sie sich entscheiden. Stellen Sie sicher, dass Sie es nicht mit nachgemachtem Stein zu tun haben.

Um alten Stein auszumachen, schauen Sie sich die Unterseite an. Sie muss Pilz- oder Moosspuren tragen, selbst wenn sie gesäubert wurde, während neuer Stein perfekt sauber ist.

Wenn Sie Ihre Fliesen vor dem Haus verlegen wollen, versichern Sie sich, dass die Steine frostunempfindlich sind.

2.

3.

4.

5.

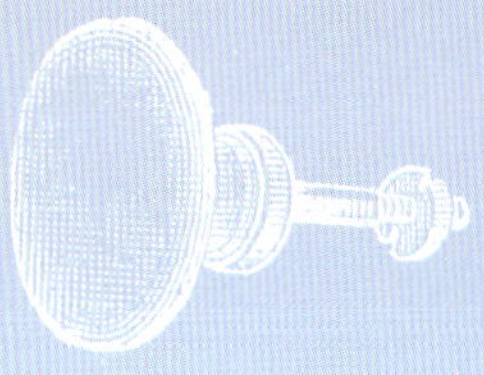

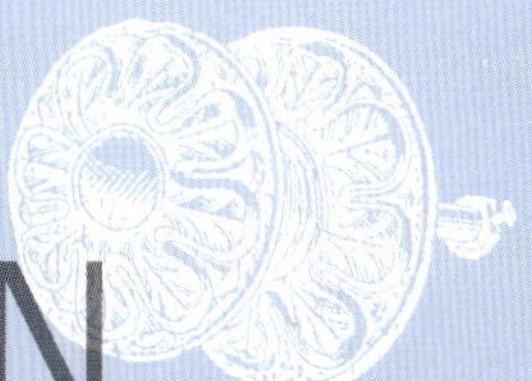

INNENTÜREN

Am Anfang verhängte man Türöffnungen im Inneren des Hauses mit einem schweren Stoff, um sich vor der Kälte zu schützen, oder man verwendete einfache, zusammengenagelte Holzbretter dazu.
Nach und nach entwickelten sich die Türen immer weiter, bis sie zu vollwertigen Dekorationselementen wurden.
Sie waren aus Obstbaum- oder Edelholz von ganz unterschiedlicher Art und in Harmonie zu Wänden und Decken gestaltet, mit Klinken oder fein gearbeiteten Bronzeschlössern ausgestattet, mit Platinen mit Blatt- oder Tiermotiven verziert.
In der Renaissance hatten sie zwei Flügel, blieben aber offen, um Durchblicke zu ermöglichen, während sie später, mit nur einem Flügel, häufig geschlossen blieben und mit der Wandverkleidung verschmolzen.
In welcher Form auch immer, sie haben schließlich ihren Platz gefunden und wurden, welche Mode auch herrschte, mit derselben Aufmerksamkeit gestaltet wie das Mobiliar: Bemalt, vergoldet, lackiert oder verziert, mit modischen Griffen, Schlössern, Riegeln oder Schließen ausgestattet. So wurden sie manchmal echte Unikate.

1.

Vorhergehende Doppelseite

Drei Medaillons wurden in der Mitte der Rahmen angebracht.

1. Rustikalität in ihrem ganzen Charme.

2. Massive Tür mit zwei reich verzierten Flügeln. Die Verwendung von Zierleisten hatte ihre Blütezeit im 18. Jahrhundert.

3. Massive Tür mit einem Flügel.

4. Im 18. Jahrhundert schmückte häufig ein verziertes Medaillon die Türen mit zwei Flügeln.

2.

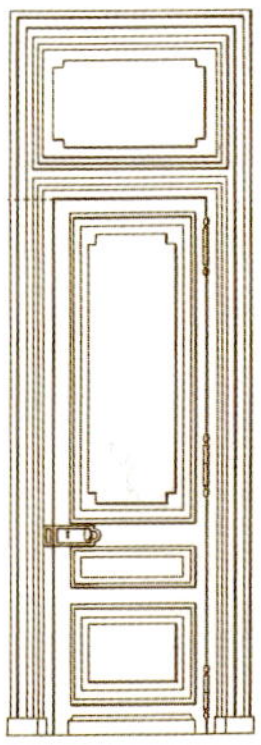

3.

4.

Zimmertüren

Erst verhängte man Türöffnungen einfach, dann verschloss man sie mit zusammengenagelten Brettern. Zimmertüren sind nach und nach echte Dekorationselemente geworden, Unikate aus Edelholz, bemalt oder verziert, bevor sie schließlich in Serie produziert wurden und in Katalogen auftauchten, die Hunderte Modelle im Angebot hatten.

Im Mittelalter

Zu dieser Zeit waren Innentüren äußerst simpel, oft aus einfachen Holzbrettern gefertigt, niedrig und schmucklos. Sie ließen sich nur von innen öffnen und in Ermangelung eines Schlüssels musste man an der Tür klopfen, um eingelassen zu werden. Um vor Kälte zu schützen, waren sie mit schweren Bespannungen oder Türvorhängen ausgestattet.
Sie bestanden aus nur einem Flügel, dessen Bretter durch solide Beschläge miteinander verbunden waren. Diese Schmiedearbeit ist sehr typisch für das Mittelalter. Das Türblatt war entweder mit Schmucknägeln oder epochentypischen Schnitzarbeiten, wie z. B. der Stofffalte, verziert.
Die Schlossschmiede, die die Türangeln, die Beschläge, Schlösser und Riegel fertigten, löteten das Eisen mit dem Hammer zusammen, eine Technik, die zwischen 12. und 14. Jahrhundert in voller Blüte stand.

Die Renaissance

In der Renaissance gestalteten sich die Türen raffinierter. Reichlich eingesetzt wurde Nuss-, Pflaumen-, Kirsch-, Oliven- oder Kastanienholz, bis im 18. Jahrhundert Eiche und Ebenholz wieder in Mode kamen.
Die Beschläge wurden feiner, ausgehöhlt oder unterteilt, denn die Handwerker bearbeiteten das Eisen im Flachen. In den Häusern der Aristokratie wurde der Türsturz reich dekoriert, oft mit einem Schild, dem Wappen oder sogar Jagdtrophäen. Die Türen hatten zwei Flügel, die man nur öffnete, wenn ein König oder Erbprinzen hindurchgingen. In Stadthäusern blieb es bei einem Flügel, aber die Türen hatten vergoldete Elemente oder Dekorationen aus vergoldetem Eisen oder Bronze und Zierleisten. Im 17. Jahrhundert saßen die Türen genau in der Zimmerflucht, um den Durchblick zu ermöglichen. Sie mussten offen bleiben und ihre Flügel wurden an die Wand geklappt, was ständigen Durchzug zur Folge hatte. Im Winter bedeckten schwere Bespannungen oder Wandvorhänge die Türen.

Vergoldung, Schnitzereien und Bemalung im 18. Jahrhundert

Anfang des 18. Jahrhunderts waren Türen mit einem Flügel in der Wandverkleidung

1.

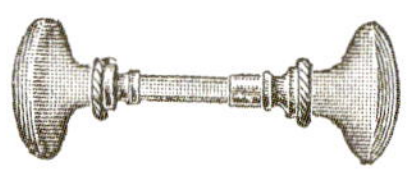
2.

3.

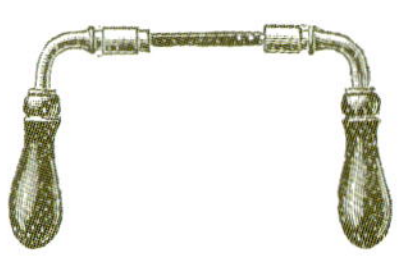
4.

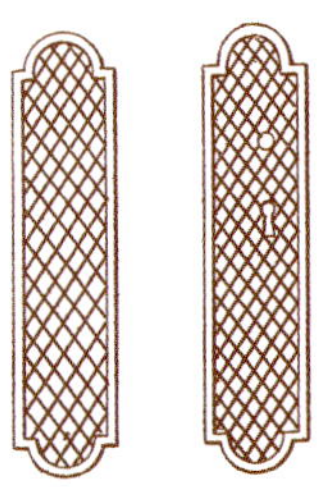
5.

1. Schlüsselloch aus Kupfer oder Bronze.

2. Doppelter Türknauf aus Keramik.

3. Doppelter Knauf aus poliertem Kupfer.

4. Doppelte Klinke mit birnenförmigen Griffen aus poliertem Kupfer.

5. Schutz gegen Abnutzung zum Anbringen an der Tür.

6. *Un salon du palais de Fontainebleau* (Salon im Palast von Fontainebleau) von Charles Désiré Hue, 19. Jahrhundert.

verborgen, wie Geheimeingänge, mit denselben Mustern bemalt und verziert. Sie wurden nur als Garderoben, Toilettenkabinett oder in kleinen Wohnungen verwendet. Türen mit Doppelflügel wurden hingegen durch Schnitzereien, bemaltem oder vergoldetem Stuck und sehr plastischen Rahmen zur Geltung gebracht, passend zum Luxus des Raums. Normalerweise öffnete man in kleinen Räumen einen einzigen Flügel und der andere diente als Spiegel. Oft waren die Türen aus Massivholz – Ulme, Nussbaum, Obstholz – oder auch aus Buche, besonders, wenn sie bemalt wurden.
Gegen Ende des Jahrhunderts wurden die Flügel mit bemalten Platten verziert, die ländliche Szenen, Pflanzenmuster oder Figuren aus der Mythologie zeigten. Die Schlosserkunst wurde perfektioniert und die ersten Sicherheitsschlösser und Zugklingeln tauchten auf. Man sagt sogar, dass die Königin die Türen ihrer Suite von ihrem Bett aus öffnen und schließen konnte. Manchmal waren die Schlösser auch wie Holz bemalt und die Handwerker übertrafen sich gegenseitig an Einfallsreichtum, um Türangeln, Riegel, Klinken und Schlösser zu verzieren.

Dunkles Holz im 19. Jahrhundert

Im 19. Jahrhundert wurden die Türen mit dem Einsatz von dunklem Holz – geschwärztes Birnenholz, Ebenholz, Palisander, Mahagoni – auch dunkler, sei es durch Tönungen oder Lackierungen, wie der berühmte Vernis-Martin. An der Oberfläche umrahmten Ziersimse Gemälde oder Trompe-l'œil-Zeichnungen, die leider kaum zu sehen waren, da sie von dicken Vorhängen verdeckt wurden, die die Kälte abhalten sollten. Türen wurden langsam in Serie produziert, trotzdem blieb die Herstellung auf einem hohen Niveau.

Edelhölzer in den Goldenen Zwanzigern

Anfang des 20. Jahrhunderts benutzte man Platten aus Edelholzfurnier mit Glas oder Scheiben im oberen Teil. In den 1920er-Jahren wurden matte Muster, meistens besonders dekorative Pflanzen, wie Fensterbilder in das Glas geschliffen, was aber den Repäsentationsräumen vorbehalten blieb. Dunkles Holz blieb im Trend – Ebenholz, Palisander und Macassar –, aber auch Verblendungen und Intarsien aus Zitronen-, Rosen-, oder Sykomorenholz waren sehr beliebt.

TIPPS FÜR SAMMLER

Eine Innentür einzupassen erfordert größte Präzision. Wenn die Tür schon existiert, besteht eine große Chance, dass sie Standardmaße hat: 2,10 Meter Höhe und 80 bis 90 Zentimeter Breite.
Nehmen Sie also gut Maß und kontaktieren Sie einen Tischler, um sicher zu sein, dass Sie auch Türen mit anderen Abmessungen einpassen können. Einige Experten können sie zurechtschneiden, ein wertvoller Service, der einige Euro mehr durchaus wert ist. Berücksichtigen Sie schließlich noch, in welche Richtung sich die Tür öffnet, auch das ist wichtig.

6.

1.

1. Skizze von Türen mit zwei Flügeln, mit drei unterschiedlichen Zierleisten. Zeichnung von Antoine Zoegger (19. Jahrhundert).

2. Türen mit zwei Flügeln, die genau in der Zimmerflucht sitzen: Eine Mode, die aus dem 17. Jahrhundert kommt.

Folgende Doppelseite

3. Die Türen sind in derselben Farbe wie die Wandverkleidung gestrichen und somit verborgen.

Wandschränke

Im 14. und 15. Jahrhundert gab es keine Wandschränke. Zum Aufräumen verwendete man Truhen, die, unterschiedlich in Form und Fassungsvermögen, überall im Haus an den Wänden verteilt wurden. Sicher beherbergten in den Hauptzimmern in die Wand eingelassene Nischen einige Ziergegenstände und waren manchmal sogar von Vorhängen oder Türen verdeckt. Ab dem 17. Jahrhundert richteten sich die Adligen ein Zimmer ein, in der Regel an ihr Schlafzimmer angrenzend, in dem sich Matratzen der Bediensteten, Toilettenutensilien und Garderobe wild durcheinander häuften.

Nach und nach wurde das Bürgertum reicher und wandte sich mit der Aufteilung seiner Wohnungen an Architekten. Diese aber gewährten den Empfangszimmern gegenüber den anderen Räumen den Vorzug: Es gibt immer mehr Winkel, die – aus Mangel an Fantasie – dazu benutzt werden, alles zu lagern, »was herumliegt«. Erst im 19. Jahrhundert traten diese Räume klar auf den Plan. Damals wurden die Räume gemütlicher, durch Kleiderschränke und Stauraum in Wandschränken. Anfang des 20. Jahrhunderts läutete der Platzmangel das Ende großer Kleiderschränke ein: Man zog integrierte Wandschränke vor, um Platz zu gewinnen.

TIPPS FÜR SAMMLER

Ein einfacher Trick, um Ihrem Wandschrank etwas »Familiäres« zu verleihen: Behalten Sie die Struktur bei, aber tauschen Sie die Türen zum Beispiel gegen alte Kleiderschranktüren oder Fensterläden aus. Einzige Bedingung: Sie müssen die Angeln verstärken, weil sie ziemlich schwer sind.

2.

3.

1.

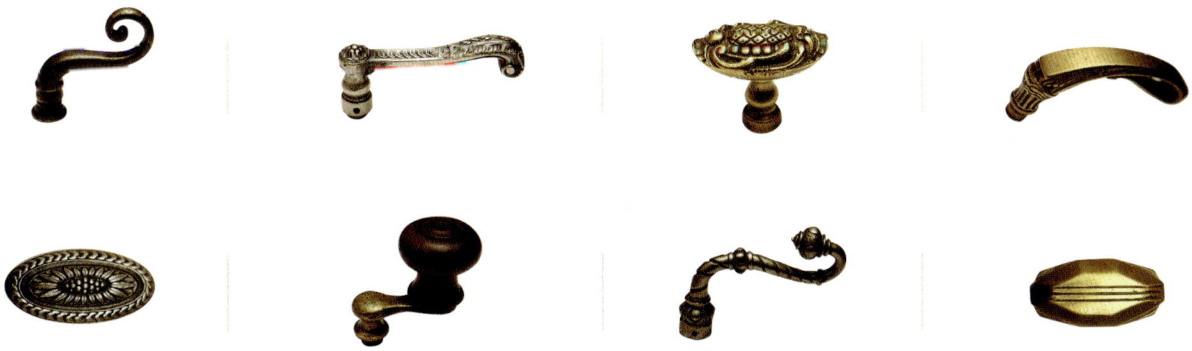

2.

Türgriffe

Türgriffe und -beschläge sind integrale mitunter auch sehr dekorative Bestandteile der Tür: Sie müssen vor allem funktional sein und sich nicht nur dem Stil, sondern auch den Ausmaßen der Tür anpassen.

Türgriffe und Türknaufe aus Porzellan oder Kupfer findet man sehr einfach auf Flohmärkten. Sie können sie gefahrlos kaufen, auch wenn der Beschlag fehlt, denn Heimwerkermärkte verkaufen so etwas und sie lassen sich sehr leicht anpassen, da sie in verschiedenen Stärken und Längen existieren

Die Farben variieren von reinem Weiß bis Elfenbein, wenn sie aus altem Porzellan sind. Betrachten Sie sie genau, um ein »echtes« Paar auszusuchen. Diese Art von Türknauf kann sich ganz diskret so ziemlich jedem Stil anpassen.

So genannte »Stil«-Griffe aus Bronze, Messing oder Kupfer, oder sogar aus Gusseisen aus den 1930er-Jahren, sogenannte »Entenschnäbel«, funktionieren durch Drehung. Sie sind teurer, oft verziert und genauso leicht aufzustöbern, aber ihr Zustand bestimmt den Preis.

Bronze, stark verziert – mit Eierleisten, Flechtwerk und Perlen – ist typisch für den Louis-Quinze-Stil.

Vergoldetes Kupfer wurde im 18. Jahrhundert vor allem für Schlüssellöcher verwendet, man findet es aber auch an Türgriffen, die mindestens aus poliertem oder lackiertem Eisen waren. Vergoldete Bronze erlebte im 19. Jahrhundert ihre Blütezeit, während von 1900 an sowohl Silber – vor allem im Modern Style – als auch sehr fein bearbeitetes Schmiedeeisen, Gusseisen und vergoldetes Kupfer auftauchten und sich mit stilisierten Mustern schmückten.

Fachhändler bieten oft Schutzbeschläge im gleichen Stil und im gleichen Material wie die Griffe. Schließlich haben auch noch manche Regionen ihre Besonderheiten: In manchen Ländern werden Türknäufe in anderen Türgriffe verwendet.

1. Türgriff, der eine Frauenhand darstellt, die eine Schriftrolle hält.

2. Mit Schnabel, rund, oval, viereckig, aus Kupfer, Messing, Bronze oder Holz – die Türgriffmodelle sind äußerst verschieden: Jede Epoche und jede Region haben ihre eigenen hervorgebracht.

AN DER WAND

Wände wurden oft einfach nur gekalkt oder im Rohzustand gelassen – mit grob verfugten Steinen. Erst aus einer Notwendigkeit heraus bedachte man sie mit mehr Aufmerksamkeit: Um sich vor Kälte zu schützen, versuchte man mit vernagelten Brettern, den Vorgängern der Wandverkleidung, die Feuchtigkeit auszuschließen und die Wärme im Raum zu halten.
Im 18. Jahrhundert war die Lust am Raffinierten auf ihrem Höhepunkt und die Paneele – meistens aus Edelholz – wurden bemalt, verziert und mit Borten versehen, wobei sie manchmal bis zur Zimmerdecke reichten. Um die Verzierung perfekt zu machen, wurden prächtige Gemälde – üppige Obstdarstellungen und Pastoralszenen – oder riesige Spiegel mit in die Wandverkleidung eingefasst. In Dienstzimmern, Küchen und in Ämtern war der Wandschutz seit dem 16. Jahrhundert aus Fliesen und blieb es bis ins 19. Jahrhundert. Die Steingutfabrikanten machten sich in Technik und Einfallsreichtum Konkurrenz und die chinesisch, persisch oder türkisch inspirierten Verzierungen waren oft prächtig. Kacheln und Fliesen verkleideten Öfen, Kamine, Rauchzimmer und Hausflure, bevor sie zur ersten Wahl im Badezimmer wurden.

1.

Wandverkleidung, Ornamente und Spiegel

Im Mittelalter war Holz reichlich vorhanden und billig – mit Wandverkleidungen konnte man sich vor Kälte schützen und gleichzeitig Feuchtigkeitsspuren verdecken. Dünne, kunstvolle Verkleidungen waren noblen Wohnsitzen vorbehalten, speziell dem »Rückzugszimmer«: Ein kleiner, intimer Raum, der, um die Wärme zu speichern, vom Boden bis zur Decke mit Holz ausgekleidet wurde.

Eine Frage der Nützlichkeit …

Diese Holzarbeiten, auch »Täfelung« oder »Getäfer« genannt, ermöglichten die thermische Isolation direkt auf der Wand, unter den beweglichen Wandteppichen. Sie wurden bis ins 16. Jahrhundert gebraucht: Damals waren sie sehr ausgearbeitet und passten sogar haargenau zur Kastendecke. Die Paneele wurden durch Zapfen und Löcher, später Dübel, zusammengehalten und wurden mit Basrelief-Skulpturen verziert. Diese Mode änderte sich im 17. Jahrhundert radikal, als sie wieder äußerst schlicht wurden.

Das 18. Jahrhunderte war die Zeit der Raffinesse. Die Wände in den Hauptzimmern bekamen alle Aufmerksamkeit, man bedeckte sie mit Wandverkleidungen: Holzpaneele – hauptsächlich Eiche – wurden in Weiß oder einer anderen hellen Farbe gestrichen und mit Blattgold hervorgehoben. Um den Effekt der Holzverzierungen zu beurteilen, zeichneten Architekten oft mit Kohlestift eine Skizze direkt auf die Gipswand, die man in manchen Schlössern bei der Abnahme der Verkleidungen wiederfindet. Man verwendete die Verkleidungen entweder als umlaufende Borten – mit maximal 1,30 m Höhe – oder als Vollverkleidung vom Boden bis zum Deckensims. In großen Empfangszimmern wurden sie mit Öl- oder Leimfarbe überzogen. In der Mitte der Paneele zeigen Ölgemälde mythologische oder romantische Szenen, bei sehr Gläubigen auch Heilige. Der Mode der Epoche entsprechend wurden Wandverkleidungen immer in zwei Farbtönen gestrichen: Skulpturen und Zierleisten sind heller als der Untergrund. Dieser nimmt Pastelltöne an – hellgelb, mauve, zartgrün –, während die Einrahmungen der Spiegel und Zierleisten zumindest in den Städten vergoldet waren, weil Gold auf dem Land als Zeichen schlechten Geschmacks galt. Als Schutzanstrich verwendete man den neuen Vernis-Martin.

… aber auch der Zierde

Um die Wandverkleidungen hervorzuheben und sie vom Eichenparkett zu unterscheiden, aber auch um Besenstriche zu kaschieren, wurden die Fußleisten mit Marmormuster bemalt – ein zarter Anklang an die Kamine im Raum. Ein sehr ausgefeiltes Design, das auf das Mobiliar übergriff, da es als guter Ton galt, Stühle und Polstermöbel in der gleichen Farbe wie die Wandverkleidung zu dekorieren! Um das Dekor perfekt zu machen, wurden große Bilder in die Holzarbeiten eingelassen, im oberen Teil aber auch schmale, hohe Spiegel oder Medaillon-Formen über den Türen. Zu dieser Zeit kombinierte man mit dem Holz auch Gips und Stuck. In Südfrankreich, in der Provence und vor allem im Languedoc, behandelten die

2.

Vorhergehende Doppelseite

Zuerst waren Wandverkleidungen nur nützlich, wurden aber ab dem 18. Jahrhundert mit Holzschnitzereien, Gips- oder Stuckmotiven verziert.

1. Eine originelle Idee: Diese in die Wandverkleidung eingelassenen Paneele sind mit dem gleichen Stoff wie die Vorhänge bezogen.

2. Details von Skulpturen aus vergoldetem Holz.

1. Wie im 18. Jahrhundert ist dieses Medaillon in die Wandverkleidung eingelassen.

2. Ausschnitt aus *L'Attente* (Warten) von Georges Callot, 1866.

3. Sehr dekorativ: Ein verkleideter Vorsprung mit Zierleisten in taubenblau, nach klassischer Art.

Folgende Doppelseite

4. *Un salon en 1859* (Salon im Jahr 1859) von Charles Giraud.

Gipser – Handwerker, die aus Italien gekommen waren – den Gips wie Wandverkleidungen: Sie bearbeiteten den Gips, wie sie es mit Stein oder Marmor gemacht hätten, malten ihn an oder lackierten ihn, um feine Dekorationen zu erhalten: chinesische Muster, Jagdtrophäen, mythologische Motive …
Stuck diente dazu, Medaillons, Verzierungen über der Tür oder Deckenornamente zu formen. Diese Mode erfuhr einen ungeheuren Aufschwung, ging aber gegen Ende des 19. Jahrhunderts zurück. Um 1900 kamen falsche Wandverkleidungen auf, Zierleisten aus zurechtgeschnittenem und auf den Gips genageltem Holz.

TIPPS FÜR SAMMLER

Beim Kauf einer Wandverkleidung sollten Sie sicherstellen, dass das Holz weder verbogen noch durch Feuchtigkeit verformt ist und nicht zu viele Astlöcher oder Fehler aufweist. Bevor Sie sie anbringen, lagern Sie die Paneele 72 Stunden bei Raumtemperatur, damit sie sich gut anpassen und sich während der Installation nicht verformen.

Spiegel

Bis ins 16. Jahrhundert beherrschte Venedig die Glaserkunst. Natürlich gab es mehrere Spiegelproduzenten in Lothringen, in Deutschland und Italien, aber die Glasfarbe blieb gelblich und das Material trug unreine Spuren.

Die Meister von Murano

Traditionell wird Glaspaste aus Soda und Kaliumhydroxid gemischt, wozu man Pottasche gibt, die Kalk und Mangan liefert. Die Venezianer entdeckten, dass die Asche von Kali, einer aus Ägypten eingeführten Grassorte, mit Sand gemischt wie Entfärber wirkte und eine strahlend weiße Masse ergab. Indem sie nach und nach das Mischverhältnis änderten, fanden sie die Formel für ein Silikatglas von unvergleichlicher Qualität. Kleiner Wermutstropfen: Sie konnten damit keine großen Formate herstellen und die Größe der Spiegel ging nicht über einen Meter hinaus. Die in Murano angesiedelten Meister hüteten ihr Geheimnis. Sie verkauften ihre Kristallspiegel nach ganz Europa und vor allem nach Frankreich. Da die Zimmer kaum beleuchtet waren, lösten Spiegelkabinette eine enorme Begeisterung aus.
Der französische Finanzminister Colbert gründete 1665 angesichts dieser Konkurrenz und der enormen Ausgaben durch die venezianischen Importe die Spiegelmanufaktur. Sie wurde in Reuilly eingerichtet und bekam ein Monopol über 20 Jahre. 1672 verbat ein königliches Edikt die Einfuhr von Spiegeln aus Venedig.

Im Wald von Saint-Gobain

Spiegel in der Inneneinrichtung lagen im Trend der Zeit, Bürger und Adlige liebten sie. Die Manufaktur erlebte schließlich einen bemerkenswerten Aufschwung und erreichte ihren Höhepunkt mit der Bestellung des berühmten Spiegelsaals von Versailles.
1692 führte die Manufaktur eine revolutionäre Technik ein: die Fabrikation von Spiegeln großen Formats. Das Glas wurde auf riesige Metallplatten gegossen, die mit kleinen Leisten gesäumt waren, die Ausmaße und Dicke des Werkstücks festlegten, anschließend wurde dieses mit einer Kupferdrahtrolle ausgewalzt und schließlich in einen Ausglühofen befördert, wo der Spiegel mehrere Tage abkühlte. Die Enzyklopädie von Diderot und d'Alembert

1.

2.

3.

4.

1.

1. In diesem Salon sitzen über der niedrigen Wandverkleidung große Gemälde, die fast nahtlos aneinander anschließen. Ein überladener Dekor, den Bürgerliche im frühen 19. Jahrhundert sehr schätzten.

2. Geräumige Bibliothek mit Wandverkleidung, in der ein Spiegel und eine Genremalerei Platz finden.

brachte dazu übrigens mehrere Bildtafeln. Bernard Perrot führte dieses Gießverfahren ein, das ein absolutes Geheimnis blieb und 1699 präsentierte die Manufaktur, die sich im Wald von Saint-Gobain, in der Picardie, niedergelassen hatte, einen Gussspiegel von 2,70 x 1 Meter! Die Manufaktur eignete sich quasi das Monopol in Europa im 18. Jahrhundert an, wobei sie schließlich Venedig verdrängte. Um 1720 bedecken Spiegelplatten in den Häusern die ganze Höhe mancher Prunkzimmer, vom Kaminsims bis zum Deckenvorsprung. Auch Hängespiegel wurden immer größer.

Nach und nach modernisierten sich die Unternehmen, es wurde maschinell produziert, und die Erfindung des Ätzkali im frühen 19. Jahrhundert sowie der Einsatz von Siemens-Öfen mit konstanter Temperatur verbesserten die Qualität. Gegen Ende des 19. Jahrhunderts ersetzt die Versilberung den Quecksilberüberzug und setzt damit dem gräulichen Schimmer, der alte Spiegel ausmacht, ein Ende.

TIPPS FÜR SAMMLER

Antikspiegel oder Reproduktion?

Ist der Spiegel schwer, häufig facettiert und hat Oxidationsflecken durch Feuchtigkeit und die Abnutzung des Überzugs, dann können Sie davon ausgehen, dass Sie es mit einem antiken Stück zu tun haben.

Kleiner Trick, um einen beschädigten Spiegel wieder aufzupolieren: Reiben Sie die abgenutzte Reflexionsfläche auf der Rückseite des Spiegels mit einem in Javelwasser getauchten Bausch ab. Lassen Sie einen Spiegel von geringer Dicke in der gleichen Größe zuschneiden und fügen Sie beide Oberflächen mit einem Spezialkleber für Glas zusammen. Die Reparaturstelle dürfte nicht sichtbar sein.

2.

KAMINE, ÖFEN UND HEIZKÖRPER

Schon immer war es äußerst wichtig, sein Haus gegen die Kälte zu schützen. Von der Feuerstelle bis zur Zentralheizung haben die Menschen sich immer wieder Neues einfallen lassen, um ihre Behausungen zu beheizen. Der Kamin war dabei sicherlich die dauerhafteste Erfindung. Zuerst befand er sich in der Küche oder in einem zentralen Zimmer, wo er zum Essenkochen diente. Nach und nach beschränkte sich seine Rolle auf das Heizen, aber dafür wurde er auch entsprechend zur Geltung gebracht. In den Schlössern schmückten in der Renaissance Verzierungen und Marmor monumentale Kamine aus Stein. Baron Haussmann ließ sie in seinen neuen Pariser Wohnungen verwenden, doch der Fortschritt machte ihrem Triumphzug ein Ende: Kleine Öfen, die schneller heizten, ersetzten sie nach und nach; diese waren weit weniger sperrig und oft sehr dekorativ. Den Gnadenstoß versetzte den Kamine die Erfindung der Heizkörper; diese wurden in allen Zimmern installiert und boten endlich ein Maximum an Luxus: es warm zu haben ohne Aufwand und Mühe.

1.

2.

3.

4.

Kamine

Entgegen der allgemeinen Auffassung waren die ersten Kamine nicht zur Beheizung der Innenräume gedacht, dazu benutzte man eher Kohlebecken. Kamine übernahmen andere Aufgaben: Ihr Rauch hielt Mücken ab, sie räucherten an der Decke aufgehängtes Fleisch und ließen eine Rußschicht unter dem Dach, das dadurch dichter wurde.

Monumentale Kamine aus Stein

Bis ins 10. Jahrhundert wusste man wenig über Kamine. Diese Unkenntnis kam zweifellos durch den starken Einfluss der christlichen Religion unter der Herrschaft der Merowinger, Karolinger und später Kapetinger, die Feuer mit dämonischen Kräften gleichsetzten und jegliche Schriften zum Thema untersagten.

Erst im 11. Jahrhundert wurde der Kamin zu einem integralen Bestandteil der Ausstattung von Herrenhäusern, Klöstern und großen Bauwerken. Das Datum seiner Errichtung ist häufig in den Stein graviert.

Im 12. Jahrhundert verdoppelte sich der wirtschaftliche Aufschwung durch ein Bevölkerungswachstum, das eine große Bauwelle nach sich zog. Der Kamin stellte das erste Element von häuslichem Komfort dar und wurde schon beim Bau des Gebäudes eingeplant. Er war monumental (2 Meter zwischen Boden und der Unterseite des Simses), wurde an die Wand gelehnt und häufig noch vor dem Rest des Zimmers verziert.

Der Mantel war rund und der Schacht zylinderförmig, denn man ordnete das Feuer im Kamin sternförmig an. Im 13. Jahrhundert änderte sich die Form der Feuerstelle, da man das Holz quer hinlegte. Sie

Vorhergehende Doppelseite

Nachdem sie anfangs monumental waren, wurden Kamine mit der Zeit immer kleiner, bis sie in der Zimmerecke ihren Platz fanden. Solche Eckkamine waren im 19. Jahrhundert sehr verbreitet.

1. Klassisch: Ein kleiner Zimmerkamin aus sehr schlichtem Stein.

2. Geometrische Pfosten und klare Linien, typisch für die 1930er-Jahre.

3. Kleiner Zimmerkamin aus Gusseisen mit Zierleisten.

4. Ein besonders raffiniertes Modell, das von einer ovalen Malerei überragt wird: Italienisches Design, das von der Renaissance inspiriert ist.

1.

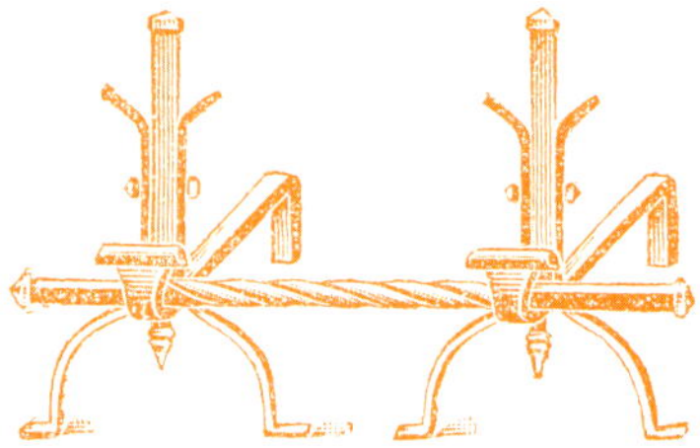

2.

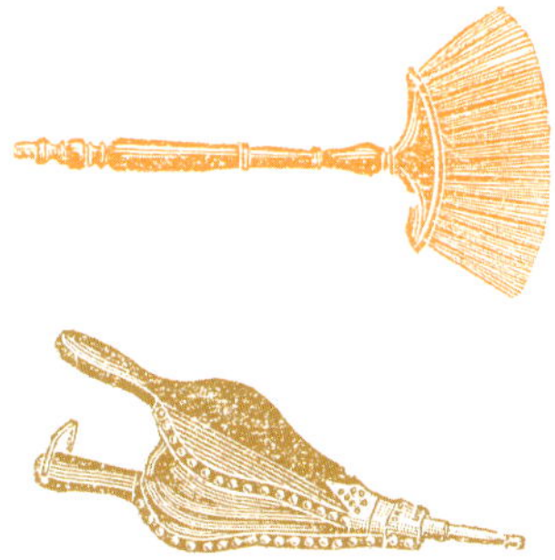

3.

1. Brandschutz mit vier Elementen in gotischer Form mit einem Rahmen aus poliertem Kupfer.

2. Schon früh fanden die Feuerböcke ihren Platz im Kamin. Sie heißen auch Feuerhunde, da sehr alte Modelle einen Tierkopf zeigen.

3. Das Feuer muss im Zaum gehalten werden und macht mehrere Utensilien notwendig: Zangen, Schaufeln, Schürhaken, Blasebalg und Kaminbesen.

4. *Madame Davids lisant* (Madame Davids beim Lesen) von André Davids, 19. Jahrhundert.

5 und 7. Zimmerkamin aus Marmor. In der Mitte die Jakobsmuschel im Louis-Quinze-Stil. Und ein Ausschnitt der Verzierung am Pfosten.

6. Monumentaler Kamin, der an die Wand gelehnt und mit echten Säulen im Stil des 14. Jahrhunderts besetzt ist.

war rechteckig und der Abzug hatte die Form eines Parallelogramms. Der Mantel wurde aus großen, behauenen Steinen gefertigt und mit Malereien verziert.

Modelle aus Holz in den Zimmern

Im 14. Jahrhundert wurden die Zimmer in Schlössern mit kleinen Holzkaminen ausgestattet, die mit raffinierten Zierleisten verziert waren. Im 15. Jahrhundert kam die Kaminplatte auf, eine Platte aus Gussware oder Eisen, die mit Wappen oder Reliefs geschmückt war. Ein Kamin war häufig aus Stein, aber auch aus Holzverschalungen, die mit Bausteinen gefüllt und mit Ziegelsteinen oder Stuck bedeckt wurden. Ab Ende des Jahrhunderts sprossen auf den Dächern auch Schornsteinaufsätze, die seitdem zur Landschaft dazugehören.

Verzierungen mit Trompe-l'œil-Gemälden

In der Renaissance wurden die Kamine größer und Fantasie bestimmte den Dekor. Rauten, Medaillons, Akanthusblätter, Bänder, Karyatiden, Arabesken – diese italienisch anmutenden Verzierungen wurden im Medaillon über dem Abzug aufgegriffen und mit allegorischen Skulpturen umgeben. Gegen Ende des 16. Jahrhunderts wurde die Verzierung schlichter und der Kamin hatte Einzug in alle Häuser gehalten, vor allem in der Stadt. Anfang des 17. Jahrhunderts änderte sich die Bauweise des Kamins: Anfangs schließen der Sims und der Abzug bündig mit den Pfosten ab, später rückt der Abzug nach hinten und bildet so einen Pfeiler. Schnell wurde er mit Zierleisten oder gemalten Verzierungen geschmückt. Die Simsoberfläche wurde so zu einer Ablagefläche, die man mit geeignetem Dekor belud.

Eleganter Marmor

Im 17. Jahrhundert herrschte mit dem Einsatz des Marmors aus den königlichen Steinbrüchen Eleganz. Noch öfter nachgemacht wurde der Stil Louis-Quinze. Ihn kennzeichnen verschlungene C- und S-förmige Schnitzereien im Marmor oder dem Holz und er ist ganz im Barockstil gehalten: Oben in der Mitte des Kamins findet sich die berühmte Jakobsmuschel, die typisch für die Epoche ist und ein riesiger, zweiteiliger Spiegel schmückt den Abzug.

Ende des 18. Jahrhunderts war die Antike in Mode: Man kehrte mit geriffelten Säulen zu geraden Linien zurück. Verzierungen aus vergoldeter und ziselierter Bronze schmückten den Sims, ein Spiegel war in den bemalten Pfosten eingelassen. Die Kamine waren dabei oft aus weißem Marmor und von einem großen, rechteckigen Spiegel überragt.

4.

5.

6.

7.

1. Ein regionaler Kamin aus Stein, massiv, mit sehr hoher Ummantelung.

Stein oder Marmor in der Empire-Zeit

In der Empire-Zeit ersetzte der Einfluss der ägyptischen Antike die griechisch-römischen Motive. Die geradlinigen Kamine waren aus Marmor oder Stein, der Abzug verschwand zugunsten des Pfeilers.
Der Baron Haussmann, Präfekt des Departements Seine von 1853 bis 1870, ließ in Paris Mietwohnungen erbauen, die alle mit Marmorkaminen ausgestattet waren.

Schlichte Formen zwischen den Weltkriegen

Um 1890 kam der Jugendstil mit seinen üppigen Verzierungen, die alle von der Natur inspiriert waren. Die geschwungene Linie setzte sich durch, brachte Frauen, Blumenstängel und Blumen hervor. Die Kamine nahmen wieder weite Ausmaße und extravagante Formen an.
In den 1930er-Jahren kam man zur Einfachheit zurück. Der Krieg zeigt noch Auswirkungen und die Formen nehmen sich funktionaler aus – stilisierte, puristische Linien. Der Kamin kehrte zu seiner eigentlichen Funktion zurück, nämlich die Zimmer zu wärmen. In der Nachkriegszeit hält die Zentralheizung Einzug.

Regionale Kamine

Sie sind sehr häufig aus Stein, auch monumental und verdanken ihre Merkmale dem Einsatz regionaler Materialien. Der bretonische Kamin ist massiv und aus Granit oder seltener aus Schiefer oder Sandstein, häufig umgeben von Steinbänken und mit der Frontseite Richtung Wind an die Giebelwand gelehnt.
Der provenzalische Kamin besteht aus landestypischen hellen Steinen, ist gerne monumental und mit einer Bank ausgestattet. Man findet dabei auch oft einen Brotofen und einen Steingarten mit drei Kohlefeuern. In den Alpen birgt der Kamin die Feuerstelle, in der eine Bank sitzt, auf die man sich abends zur Nachtwache setzte, um sich Geschichten zu erzählen und sich aufzuwärmen. Er besteht häufig aus grobem Stein.

TIPPS FÜR SAMMLER

Weißen Marmor restaurieren

Entstauben Sie die Oberfläche zuerst mit einem weichen Lappen. Reinigen Sie sie anschließend mit einem in Seifenwasser getauchten Schwamm. Um Verschmutzungen zu lösen, die sich in den Zierleisten festgesetzt haben, benutzen Sie eine Zahnbürste.
Wenn der Marmor vergilbt ist, mischen Sie Zitronensaft mit feinem Salz. Tränken Sie ein fusselfreies Tuch mit der Mischung und gehen Sie damit über die ganze Oberfläche. Arbeiten Sie schnell, denn die saure Mischung riskiert, den Marmor anzugreifen. Spülen Sie mit reichlich Wasser nach, vor allem die Verzierungen und Riffelungen. Um den Kamin zum Glänzen zu bringen, reiben Sie ihn mit Bohnerwachs oder einer speziellen Marmorpolitur ein. Reiben Sie zehn Minuten später mit einem weichen Lappen nach.
Sprünge und Schrammen können repariert werden. Füllen Sie Löcher und leichte Schrammen mit speziellem Marmorkleber auf und schleifen Sie erst mit einem mittelkörnigen, dann feinen Scheuermittel ab. Feilen und Polieren Sie anschließend. Bei Sprüngen lassen Sie weißes Wachs ins Innere laufen und verspachteln es mit einem Metallspatel. Polieren Sie am nächsten Tag, wenn das Wachs gut getrocknet ist.

Eine Frage der Anpassung

Alte Kamine lassen sich ziemlich einfach auftreiben. Kaufen Sie sie trotzdem am besten bei Antiquitätenhändlern, die sie auch instand setzen und Ihnen Adressen professioneller Installateure geben können. Tatsächlich können alte Kamine, die oft andere Ausmaße als aktuelle Modelle haben, Anpassungsprobleme verursachen, die nur ein Spezialist lösen kann.

1.

1.

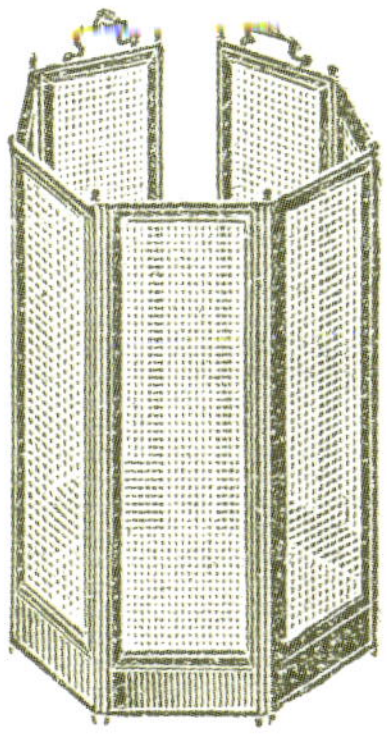

2.

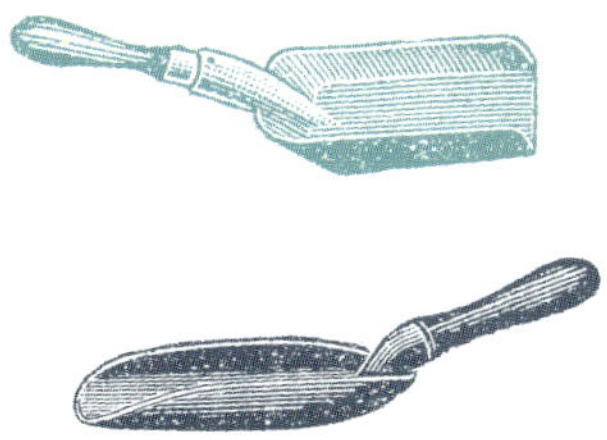

3.

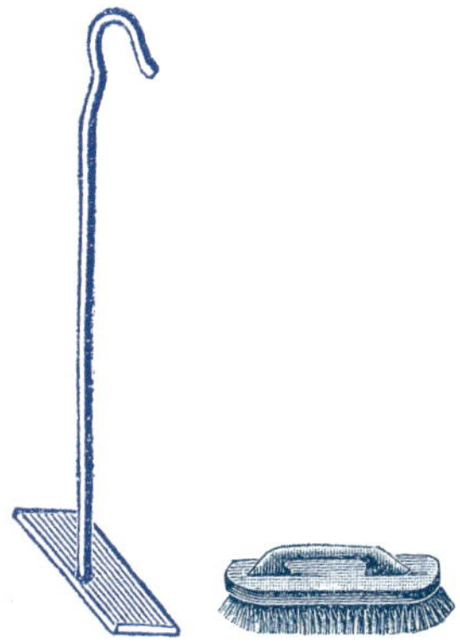

4.

Öfen

Anfang des 19. Jahrhunderts strebten die Bürger nach Komfort: Die ersten Gaslaternen beleuchteten die Städte, häusliche Wasserleitungen wurden verlegt und auch für die Beheizung sollte gesorgt sein. Die in jedem Zimmer installierten Kamine wurden zum Symbol für unzeitgemäßen Aufwand. Die Kundschaft begeisterte sich für ein neues kleines Wunder, das gut heizte und wenig verbrauchte: den Heizofen. Man zerstörte ungeniert die Verkleidung der Marmorkamine aus dem 17. Jahrhundert und ersetzte sie durch Eisenelemente.

Aus Fayence und aus Gusseisen

Öfen existierten schon seit Jahrhunderten. Ihre eigentliche Funktion diente dem Essenkochen, wobei sie Wärme im Raum verteilten. Alte Stiche aus dem 15. Jahrhundert (1493) in Basel und in Colmar beschreiben die Form der Öfen der Epoche. Sie hatten zwei Teile, waren rund oder eckig und heizten rundherum, da ihre Wände alle den gleichen Abstand zum Feuer hatten. Die älteren aus Fayence wurden an der Wand platziert und ruhten auf einem ausgehöhlten Mauerwerk, wo man das Holz einlagerte. Ihre Füße sind aus Eisen oder Keramik und sie dienten außerdem zum Kochen und Wasser erwärmen. In zahlreichen Texten aus dem 14. und 15. Jahrhundert findet man das Wort »Ofen« im Sinne von Kohlebecken verwendet. Eine gefährliche Heizmethode, die im 16. Jahrhundert durch Öfen aus lackiertem Ton ersetzt wurde. 1545 ließ Franz I. im Schloss von Fontainebleau einen Pavillon für die Königinnenmütter einrichten, der von großen deutschen Öfen beheizt wurde und den Namen »Ofenpavillon« trug. Im 17. Jahrhundert war die Fabrikation aus Fayence oder Gusseisen, vor allem im Elsass und in Lothringen, auf ihrem Höhepunkt. Damals wurden die Öfen an die Wand gestellt, die Küche und Zimmer miteinander verband: Das Feuer hielt lange, man ließ die Wäsche direkt darüber trocknen, nachts war es warm und weil

1. Keramik und Fayence wurden häufig für die Verzierung von Öfen verwendet.

2. Funkenschutz mit sieben Flächen aus bronziertem Eisen. Er kann einen runden Heizofen zu drei Viertel umgeben.

3. Kohleschaufeln aus getriebenem Blech.

4. Ascheschieber und Bürste, um den Herd zu reinigen.

1.

2.

3.

4.

1. Alter Emailleofen in Quaderform.

2 und 4. Kleine Öfen mit Blumen- und Sternendekor: Manche Hersteller wandten sich an Maler oder Bildhauer.

3. Ein Klassiker: der Zylinderofen von Godin.

5. Ausschnitt aus *Les Crêpes* (Die Crêpes) von Alfred de Richemont, 19. Jahrhundert.

man sie von der Küche aus befeuerte, machte man das Zimmer nicht dreckig. Sie verwandelten sich mit der Zeit in richtige Möbelstücke und änderten ihr Aussehen, um grandioser und imposanter zu werden.

Franklinöfen

Im 18. Jahrhundert verbreiteten sich die Öfen und man fertigte sie aus vielerlei Materialien: Terrakotta, Fayence, Kupfer, Bronze, Guss- und Schmiedeeisen. Allerdings hatten sie noch einen kleinen Nachteil: Sie rauchten. Einem gewissen Masson ist die Idee zu verdanken, den Rauch zu verbrennen, indem er noch mal durch die Feuerstelle geleitet wird. Franklin erfand 1782 ein analoges System. Diese Öfen hießen seitdem »Franklinöfen«.

Im 19. Jahrhundert schmückte man die dreidimensionalen Öfen mit Reliefs, Vorsprüngen und verzierter Keramik. Die Modelle aus Gusseisen wurden industriell gefertigt. Um 1925 ersetzte Gas die Holzkohle und Dekorationen im Art-déco-Stil konnten sich austoben.

Der Salamander

Der Salamander ist einer der originellsten Kreationen aus dieser Zeit. Dieser Apparat, der 1883 vom Ingenieur Chaboche erfunden wurde, bestand aus zwei Hauptteilen: Einer Vorder- und einer Rückseite aus Gusseisen, die miteinander verschraubt waren und eine Dichtungsfuge hatten, die das Entweichen von Gas verhinderte. Seine flache Form gab ihm ein Aussehen, das sich von den runden oder rechteckigen Öfen stark unterschied und seine einziehbaren Räder ermöglichten, ihn in der ganzen Wohnung zu bewegen. Auch sein Funktionsprinzip war ganz neu: Dank eines doppelten Mantels aus Gusseisen konnten die Abgase um den ganzen Apparat herum zirkulieren; diese gaben so einen großen Teil ihrer Energie ab, bevor sie sich in den Kamin verflüchtigten. Zusätzlich enthielt der Apparat eine beträchtliche Kohlereserve, sodass man ihn alle vierundzwanzig Stunden auffüllen konnte. Weitere Neuheit: Dank einer großen gusseisernen Tür, die mit Maschen aus Glimmer versehen war, hatte man die Freude, das Feuer zu sehen. Der Erfolg des Salamanders war beachtlich. Sein Konstrukteur bezeichnete ihn als »Rollkamin mit sichtbaren Dauerfeuer« und er verbreitete sich schnell in der ganzen Welt, wo er oft kopiert wurde. Doch das Original war leicht zu erkennen: Alle Modelle zierte ein ziselierter feuerspuckender Salamander.

5.

1.

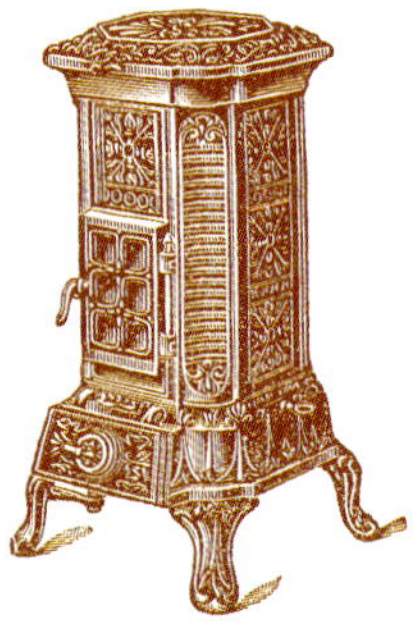

2.

3.

4.

1. Holzofen aus schwarzem Blech.

2. Heizofen aus emailliertem Gusseisen mit Blick aufs Feuer.

3. »Französischer« Heizofen aus emailliertem Gusseisen.

4. Kleiner Steinkohlekamin aus Gusseisen.

5. Ofen von »Ideal«: Diese Marke stellte seit 1898 Heizgeräte her.

6. Ein Salamander, das Symbol des berühmten Ofens.

7. Godin war der Erste, der Öfen aus Gusseisen herstellte.

8. Typisches Art-déco-Motiv: Ein Kranz aus »zerdrückten« Rosen.

Im 20. Jahrhundert setzten Zentralheizung und Heizkörper dieser Mode ein Ende: Die Öfen verschwanden aus den bürgerlichen Wohnungen.

Fruchtbares Elsass

Der Fayence-Ofen kam im Elsass im 12. Jahrhundert auf und entwickelte sich ab dem 15. Jahrhundert bis zu seiner Blütezeit im 18. Jahrhundert weiter, vor allem durch zwei große Spezialisten.
Jean-Adam Acker schuf monumentale Öfen und sicherte sich die Zusammenarbeit mit renommierten Malern wie Hannong.
Joseph Huguelin stellte weiße Galerieöfen her. Auch er arbeitete mit Malern und Bildhauern; 1870 schuf er die berühmten Karyatiden-Modelle. Er setzte die Produktion seiner weißen Öfen, regelrechte Markenartikel, fort, indem er ihnen alle möglichen Formen gab: rund, quadratisch, oval oder rechteckig. Sie sollten ihm ein beachtliches Renommee einbringen.

Godin, der geniale Erfinder

Zwanzig Jahre nach seiner Gründung im Jahre 1840 war das kleine Unternehmen eines Schlossermeisters zum weltweiten Maßstab für Heizgeräte geworden. Die geniale Idee des André Godin: Gusseisen statt Eisenblech zu verwenden. Die Geräte heizten besser, waren solide und um einiges billiger. Godin meldete ein erstes Patent an, ein zweites folgte 1851.
Diese fundamentale Entdeckung bestand darin, Emaille auf die Gussware aufzutragen. Auf diese Art waren die Geräte nicht einfach nur wirksamer, sie wurden zu echten Deko-Objekten.

Im 19. Jahrhundert investierte der geniale Erfinder – er verfügte 1873 über knapp fünfzig Patente – in die Mechanisierung seiner Produktionsanlage.
Die Installation einer Gussmechanik ermöglichte eine beträchtliche Produktionssteigerung: Von 100 Geräten im Jahr 1850 gelangte die Fabrik in Guise zu 100 000 im Jahr 1882! Ein Erfolg, der dem Genie von André Godin zu verdanken ist, der als einer der ersten Werbung nutzte und seinen Angestellten eine regelrechte Sozialpolitik angedeihen ließ, was sehr innovativ für die Epoche war.

TIPPS FÜR SAMMLER

Oft kann man durch Formen und Themen der Dekoration auf das Alter schließen. Zylinderöfen markieren den Anfang des Klassizismus; sie wurden seit dem 20. Jahrhundert industriell hergestellt. 1925 waren sie typisch für den Art déco: Sandsteinkacheln mit Eichen- oder Schilfblättern, Tieren, Arabesken und anderen stilisierten Mustern. Im Elsass waren die ersten Kacheln gotisch verziert, mit den Waffen der Stadt oder militärischen Motiven. Im England des 18. Jahrhunderts folgten auf die von altem Delfter Design inspirierten Verzierungen in der Epoche der Königin Victoria zahlreiche mythologische Motive und das berühmte Modell »Kathedrale«, der Star von Harper & Co., dem Konkurrenten Godins.

5.

6.

7.

8.

1.

2

Heizkörper

In der ersten Hälfte des 20. Jahrhunderts machte der Einzug der Zentralheizung dem Winter in den Häusern ein Ende. Ihre Hypokausten gaben die Wärme innerer Feuerstellen durch Leitungen unter den Bodenfliesen oder sogar in der Wand ab, ein System, das schon die Römer kannten.

4.

Die Zentralheizung trat im 18. Jahrhundert mit dem Warmluftofen wieder in Erscheinung: Von einem zentralen Ofen gingen Schläuche ab und verteilten so viel warme Luft wie Staub! Sie waren außerdem sehr schwer zu regeln und wenig effizient.
Im Jahr 1817 erfand der Schotte James Watt, der an Dampfmaschinen arbeitete, den ersten Dampfheizofen. Zu dieser Zeit kam auch der Heizkörper auf, der aus verschraubten Einzelteilen bestand und erst mit Dampf, und ab 1899 in den Vereinigten Staaten mit heißem Wasser funktionierte. In Deutschland wurde 1900 in Dresden das erste Fernwärme-Heizwerk in Betrieb genommen. Die Segmente waren aus Gusseisen in Form eines je nach Modell mehr oder weniger gestreckten Akkordeons gemacht und wurden auf Füße gesetzt. Die große Neuheit kam eben durch den Einsatz von Gusseisen, das Wärme abstrahlt, was eine gute Wärmeverteilung und einen bis dahin ungekannten Komfort ermöglichte. Der Erfolg war beachtlich. Um auf die Nachfrage zu reagieren, ließ sich der amerikanische Hersteller American Radiator Company in Frankreich, Deutschland und Italien nieder, mit je sechs oder sieben gigantischen Fabriken pro Land. Die brachten Zehntausende Modelle heraus, in allen Größen, einfach oder im Jugendstil dekoriert: Blumen- und Pflanzenranken, Efeublätter oder seltener barocke Verzierungen. Auf Französisch hießen sie »geblümte Heizkörper« und sie wurden bis in die 1920er-Jahre hinein hergestellt.

TIPPS FÜR SAMMLER

Passen Sie auf, dass Sie sich nicht täuschen, wenn Sie einen antiken Heizkörper auftreiben: Manche sind dampfbetriebene Modelle – unmöglich zu installieren –, die man leicht mit Heißwasser-Modellen verwechselt. Außerdem sind alte Heizkörper oft stark verschmutzt oder unvollständig. Auch wenn es ein bisschen teurer ist, sollten Sie sich besser an einen spezialisierten Händler historischer Bauelemente wenden, der Ihnen ein restauriertes Modell verkauft, das fertig zur Installation ist und perfekt funktioniert.
Wenn die Oberfläche Ihres Heizkörpers kalt bleibt, müssen Sie ihn entlüften: Ein Lufteinschluss verhindert die Wasserzirkulation. Der Entlüfter findet sich in der Regel am oberen Teil des Heizkörpers, auf der Seite gegenüber dem Versorgungshahn. Wenn es sich um eine Rändelschraube handelt, lösen Sie sie von Hand. Falls es eine einfache Mutter ist, benutzen Sie einen Schlüssel. Stellen Sie eine kleine Schüssel unter den Entlüfter und drehen Sie eine viertel Umdrehung gegen den Uhrzeigersinn. Die Luft wird unter Zischen entweichen. Sobald das Zischen nachlässt und das Wasser herauszufließen beginnt, schließen Sie den Entlüfter.

1. Einige alte Heizkörper sind mit Warmhalteplatten ausgestattet. Man traf sie oft in Ämtern und Esszimmern an.

2 und 3. Florale oder Arabeskenmotive schmücken diese Modelle, die auf Französisch »geblümte Heizkörper« heißen.

4. Gasheizung aus schwarzem Gusseisen.

Folgende Doppelseite

»Geblümte Heizkörper«, abgebeizt und fertig zur Installation.

TREPPEN

Sie sind so alt wie mehrstöckige Häuser: Treppen existieren seit der Hochantike. Die Wendeltreppen des Mittelalters, die wenig Platz einnahmen, da sie meist nur als Versorgungsgänge dienten, passten ihre Formen den räumlichen Gegebenheiten an. Mehr und mehr wurden sie in die Bauten integriert. In der Renaissance kam man von der oft doppelt geschwungenen Form ab und baute Treppen gerade nach oben. Damals trat auch Holz in Erscheinung und man genehmigte sich auf dem Treppenabsatz eine Pause. Die Treppe war zu einem unumgänglichen architektonischen Element geworden und hatte ein Recht auf ihr Quäntchen Dekoration.

Ab dem 18. Jahrhundert wurden die Baluster mit Voluten verziert, die Geländer mit Edelhölzern und die Brüstungen mit vergoldeten Motiven. Im 19. Jahrhundert liefen in Serie produzierte Treppen aus Holz oder Metall oft spiralförmig und waren manchmal mit einem Geländerknauf aus Kristallglas verziert, der aus den größten Kristallfabriken Europas kam.

1.

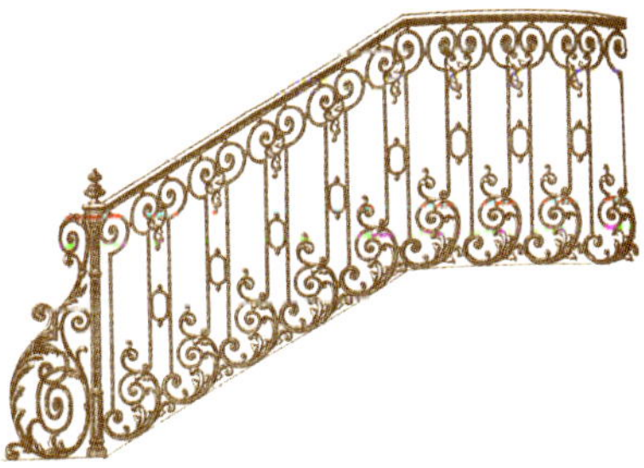

2.

3.

4.

Treppen, Geländer und Brüstungen

Die Treppe entwickelte sich aus der Leiter und nahm schnell unterschiedliche architektonische Formen an. Die Modelle der Hochantike waren monumental, aus Stein oder Marmor, aber bereits im alten Ägypten waren sie schon nach moderner Art konstruiert und an der Wand befestigt.

Wendeltreppen

Im Mittelalter war die Treppe aus Stein und spiralförmig, umso wenig Platz wie möglich einzunehmen, denn sie diente nur der Raumaufteilung. Der Treppenflur befand sich wegen des Luftzugs übrigens häufig entfernt von den Wohnräumen. In den Häusern reicher Privatleute fand die Treppe ihren Platz oft in einem an die Fassade gebauten Turm.

Ein weiterer Vorteil: Eine Wendeltreppe war schwerer für bewaffnete Angreifer zugänglich. Die strahlenförmig angeordneten Stufen wurden in der Mitte übereinandergesetzt und bildeten durch diese Stapelung einen massiven Kern. Von der anderen Seite wurden sie an der Wand fixiert. Später hingen sie an einem Säulenschaft in der Mitte. In weitläufigen Anwesen nutzte man doppelläufige Wendeltreppen: Man konnte auf der einen herunter- und auf der anderen hinaufsteigen, ohne sich zu sehen, da der eine Teil sich in einem inneren Flur befand und der andere in einem äußeren. Zu Beginn der Renaissance gab es immer noch Wendeltreppen, aber es gab auch Prunkmodelle aus Holz, dann wurden große Empfangshallen mit geraden Steintreppen, Zwischenabsätzen und durchgehenden Geländern ausgestattet. Der Mittelkern wurde gedreht und mit sehr aufwendigen Dekors, die von Handwerksgesellen gefertigt wurden, verziert.

Gerade oder viertelgewendet

Im 18. Jahrhundert vergrößerte sich der Treppenflur. Die Treppe verlief um vier Grundpfeiler und ein schmiedeeisernes Geländer säumte die Treppe. Man findet häufig eine Haupttreppe, die im ersten Stock aufhört, danach von dort ausgehende Nebentreppen. Die zeitgenössischen Theoretiker bevorzugten gerade Treppen mit höchstens fünfzehn Stufen zwischen zwei Treppenabsätzen, direkten Lichteinfall, um dunkle Zonen zu vermeiden und

Vorhergehende Doppelseite

Monumentale Steintreppe, deren Eisenschmiedearbeiten vom Architekten Jean Lamour aus Nancy kreiert wurden.

1. Kleine Wendeltreppe: Im Mittelalter häufig aus Stein, baute man sie um 1900 aus Holz.

2 bis 4. Drei Modelle von Treppengeländern, angeboten in einem Fachkatalog vom Anfang des 20. Jahrhunderts.

1.

1. Diese Steintreppe integriert sich perfekt in das moderne Interieur und ist von einem Geländer aus einfachen, geraden Sprossen gesäumt.

2. Mit einem Augenzwinkern: Eine kleine Mühlentreppe vom Flohmarkt schafft den Zugang zur großen.

3. Prächtige Steintreppe, die durch ein Geländer aus schmiedeeisernen Balustern mit Voluten betont wird.

4. Große Wendeltreppe, wie sie häufig in Hochhäusern im Haussmann-Stil vorkommt.

5. Eine Schar Holzstufen und ein kleiner Absatz führen ganz sanft auf die Steigung dieser Wendeltreppe aus Massivholz mit verzierten Balustern.

ließen langsam vom polierten Marmor ab, der oft zu rutschig war: Die Sicherheit erhielt oberste Priorität. Der berühmte Architekt François Mansart konstruierte gerade, italienisch anmutende Prunktreppen wie die im »Dornröschenschloss« in Rigny-Ussé. Ab Anfang des 18. Jahrhunderts schmückte man Geländer mit immer stärker verzierten Balustern, mit Voluten und imposanten Pfeilern. Im 19. Jahrhundert lockte die »englische Treppe« mit gewundenen Stufen und Geländer mit ihrer sehr raffinierten Eleganz. Ihr Geländer besteht aus Metallsprossen. Manche Architekten der Epoche entwarfen stark ausgearbeitete, geschwungene Exemplare. Um 1900 verzierte man die viertelgewendeten Treppen mit Marmorstufen und Sprossen aus Eisenschmiedearbeiten. Die Stufen waren aus Eiche und die Geländersprossen aus Schmiedeeisen. Der Beginn des Jugendstils revolutionierte die Gestaltung der Treppenflure. Indem sie Holz, Stein, Stahl und Glas verbanden, erfanden fantasievolle Schöpfer wie die der Schule von Nancy die berühmten Jugendstiltreppen mit Eisenflechtwerk aus Blumen-, Insekten-, Baum- oder Pflanzenmotiven.

Brüstungen

Sie dienen zur Begrenzung von Treppen und Zwischengeschossen, und hatten neben der funktionellen auch eine dekorative Rolle. Sie spiegeln mit Verzierungen aus vergoldetem Metall oder Schmiedeeisen, klassischen, barocken, geschwungenen oder geometrischen Formen den Stil der Zeit und die Kreativität der Handwerker wider. Wie bei vielen Metallschmiedearbeiten findet man zahlreiche Modelle davon in den Industriekatalogen vom Anfang des 20. Jahrhunderts.

TIPPS FÜR SAMMLER

Berechnen Sie beim Kauf einer Treppe genau die Abmessungen ein, die sie dafür vorsehen; der Rat eines Architekten ist unverzichtbar.

Auf einer Wendeltreppe können Sie keine sperrigen Möbel nach oben tragen. Eine gerade Treppe beansprucht Platz auf dem Boden, ist aber praktischer, wenn man ausreichend Platz hat. Bevorzugen Sie eine viertelgewendete Treppe, falls das nicht der Fall ist.

Denken Sie schließlich noch an die Installation des Fundaments: Ein Holzbrett lässt sich leicht durchbohren, Beton nicht.

2.

3.

4.

5.

1.

2.

3.

4.

1, 4 und 5. Geländerknäufe aus den größten französischen, englischen und tschechischen Kristallfabriken im 19. Jahrhundert. Massives oder Hohlkristall, weiß, bunt oder mit gemusterten Einschlüssen: Diese Kreationen sind Unikate.

2. Ein Klassiker aus Bronze in Form eines Pinienzapfens.

3. Vergoldete Bronze für dieses Modell, das auf dem Geländer einer prächtigen Treppe sitzt.

Der Geländerknauf

Geländerknäufe sind gemacht, um das Hinauf- oder Herabsteigen zu erleichtern, am Ende des Geländers befestigt, um den Geländerpfosten abzurunden. Sie tauchten um das 16. Jahrhundert auf, als sich die Treppe mit der Erfindung des Treppenholms und des Geländers von der Wand löste, und waren im 19. Jahrhundert weit verbreitet.

Vom Garten ins Haus

Zuerst fand man den Geländerknauf draußen bei Gartentreppen, als Kugel aus Stein oder auch als Knospe aus Gusseisen. Im 19. Jahrhundert war er stark im Kommen und zierte vor allem die Treppengeländer in Innenräumen; aus Kristall, Elfenbein oder Marmor in reichen Häusern, aus Messing, Gusseisen oder Holz in den einfacheren. Außer seiner ästhetischen hat er auch eine praktische Funktion: die Befestigung des Geländers am Baluster zu verstecken.

Kristallkugeln

Unter den bemerkenswertesten finden sich die aus den großen französischen Kristallfabriken wie Baccarat oder Saint-Louis, die exquisite Geländerknäufe aus dichtem und massivem oder hohlem Kristallglas, weiß oder farbig, herstellten. Die aus den englischen Kristallfabriken, die man »bannisters balls« nennt oder auch sehr schöne Kreationen aus Böhmen. Es finden sich auch Modelle aus dem 19. Jahrhundert, bei denen durchsichtige Facetten im Stil böhmischer Glasbläsereien mit bunten Glasmotiven abwechseln. Bemerkenswert sind die Millefiori, die wie Schwefelkristall gemusterte Einschlüsse enthalten. Auch andere Materialien wurden verwendet: Opalglas, schimmerndes Kristall, das im 19. Jahrhundert sehr in Mode war und auch für Deckenleuchter gebraucht wurde, Delfter Fayence, Porzellan, vergoldete Bronze oder schwarzer polierter Marmor.

TIPPS FÜR SAMMLER

Im 19. Jahrhundert verwendete man zur Fixierung des Knaufs auf dem Baluster vor allem Gipsmasse, mit der man den Sockel des Knaufs mit der im Baluster steckenden Mutter verbinden konnte. Diese Befestigung war so wenig solide, dass es häufig zu Diebstählen kam. Verwenden Sie lieber Polyesterkitt, der äußerst widerstandsfähig ist, um Ihre Befestigung zu verstärken oder eine neue Kugel zu installieren.

Achtung bei Neuauflagen! Manche sind von exzellenter Qualität; aus massivem oder hohlem Kristallglas, von Hand zugeschnitten, mit schrägen oder Diamantfacetten. Wohingegen andere blasse Kopien sind, die von innen mit Lack gefärbt wurden. Sie können sich am Preis orientieren. Ein Geländerknauf von guter Qualität ist recht teuer.

5.

BÄDER UND KÜCHEN

Küchen – oder zumindest eine Küchenzeile im Hauptzimmer – hat es quasi schon immer gegeben, was für Bäder so nicht gilt. Diese wurden erst sehr spät, zu Beginn des 20. Jahrhunderts, in den Häusern eingebaut. Lange waren Küchen sehr einfach ausgestattet: Mit einem Spülbecken aus Stein und einem Kamin, der im 19. Jahrhundert den ersten Herden und später serienmäßig produzierten Küchenherden aus großen Gießereien wich. Das Badezimmer beschränkte sich auf einen Holzzuber, der dort stand, wo Platz war. Das Aufkommen von fließendem Wasser und Gas war eine regelrechte Revolution, ab Ende des 19. Jahrhunderts veränderte sich alles. Industriell hergestellte Herde kochten mit gleichbleibenden Temperaturen, Waschbecken wurden mit Hähnen ausgestattet, sanitäre Anlagen wurden nicht mehr aus Metall, sondern Porzellan oder Keramik gefertigt, Toiletten wurden mit einer Wasserspülung versehen, Boiler sorgten für warmes Wasser. Küchen und Bäder wurden zu echten Wohnräumen.

1.

Vorhergehende Doppelseite

Im antiken Stil eingerichtetes Badezimmer mit einer Badewanne auf Füßen von 1900 und einem Doppelwaschbecken aus den 1930er-Jahren.

1. Ein seltenes Ensemble: voll funktionsfähige Badewanne und Boiler ganz aus Kupfer.

2. Badebottich aus Holz.

3. Porzellanbadewanne auf Füßen: Ein Modell, das ab 1910 Hochkonjunktur hatte.

4. Große Kupferbadewanne mit einer erhöhten Seite für mehr Rückenkomfort.

5. Zinkbadewanne. Ein Belgier erfand 1860 die erste dieser Art für Napoleon III.

6. Ein sehr raffiniertes Modell auf Füßen und mit umlaufenden Holzsäulen.

2.

3.

Badewannen, Waschbecken und Zubehör

Die Geschichte der sanitären Anlagen ist untrennbar mit der der Hygiene verbunden, denn Baden und sich Waschen ist nicht immer Sitte gewesen, erst um 1900 setzten sich in den Häusern langsam Badezimmer durch.

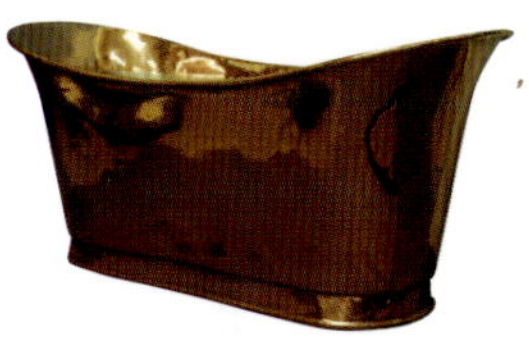

4.

Badewannen

Sie waren lange Zeit dürftig und im Gegensatz zu öffentlichen Bädern sogar verpönt. Erst im 19. Jahrhundert beschleunigte sich die Entwicklung und in kaum einhundert Jahren wurden Badewannen zu den komfortablen Sanitäranlagen.

Von Terrakotta zum Holzzuber

Die ersten bekannten Badewannen stammen aus der Zeit von mehr als 2000 Jahren v. Chr., aus Mesopotamien. Sie waren aus Terrakotta und in den Palästen installiert. In der Antike stellten die Griechen eine sanitäre Warmwasserversorgung her, die die öffentlichen Bäder versorgte. Dieses System wurde von den Römern in ihren berühmten Thermen übernommen. Dort verbrachte ein großer Teil der Bevölkerung seine Freizeit. Die Wannen waren aus Stein oder Metall, bei den Reicheren aus Silber oder Marmor.

Diese prächtigen Thermen reduzierten sich im Mittelalter auf einen einfachen Holzzuber. Man kletterte über einem Hocker in die Bottiche, die mit Stoff ausgeschlagen waren, um vor Splittern zu schützen. Ein Spannbezug über dem Badenden erhielt die Wärme und auf diagonal liegenden Brettern konnte man ein Weinglas oder einen Imbiss abstellen. Im Mittelalter gab es in Frankfurt fünfzehn Badestuben, in denen man badete, sich massieren und rasieren ließ. Die öffentlichen Bäder wurden aber im 16. Jahrhundert mehr und mehr geschlossen, da sie ihren Anteil an der Verbreitung von Krankheiten wie Pest oder Syphillis hatten.

5.

Als Waschen noch Angst machte

In der Barockzeit schrieb man dem Wasser gefährliche Auswirkungen, wie der Verbreitung der Pest zu, denn es erweitere angeblich die Hautporen und erleichtere

6.

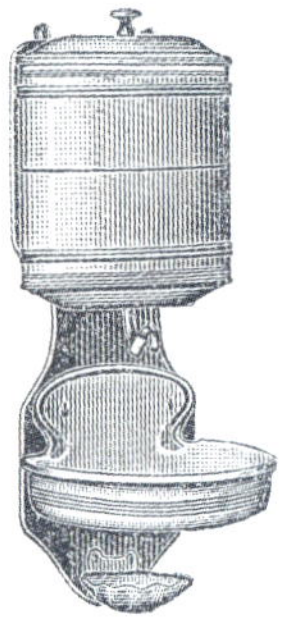

1.

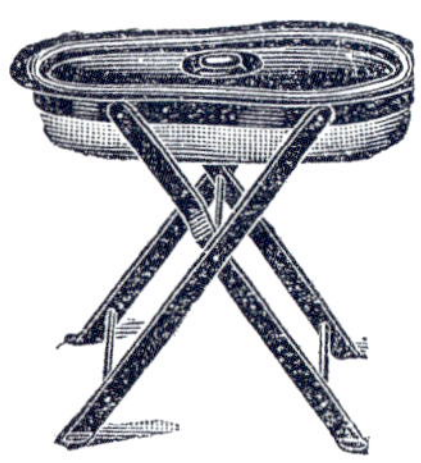

2.

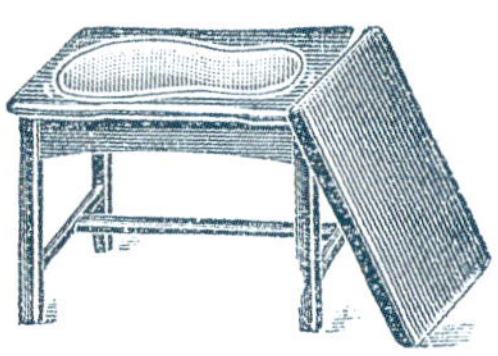

3.

1. Waschbecken aus emailliertem Metall mit Wasserbehälter, Waschschüssel und Seifenhalter.

2. Bidet aus vernickeltem Kupfer.

3. Bidet mit Deckel und lackiertem Eichengestell.

4. Toilettenmöbel aus rotem Marmor und Holz mit Porzellanbecken.

5. Badewanne aus verziertem Porzellan, angeboten vom Hause Porcher (Anfang des 20. Jahrhunderts).

6. Badezimmer im Hotel Metropol in London (1914).

7. Ausschnitt aus der Verzierung eines Porzellanwaschbeckens vom Anfang des 20. Jahrhunderts.

schädlichen Ausdünstungen das Eindringen in den Körper. Man gab sich damals mit einer »trockenen« Wäsche zufrieden: Man rieb sich die Haut mit Puder oder einem parfümierten Tuch ab. Wasser diente nur zum Wäschewaschen, die jedoch mehrmals am Tag gewechselt werden und blütenweiß sein musste, vor allem bei der Aristokratie. Dennoch gab es prächtige »Waschräume«, die ins Schlafzimmer gesetzt wurden, und Badewannen mit Baldachin hatten, von dem Mousseline-Vorhänge oder Spanntücher herunterhingen. Erst im 18. Jahrhundert bereitete Wasser keine Angst mehr. Warmes Wasser sollte Nervosität und Unfruchtbarkeit lindern und um 1760 kamen die ersten Fuß- und Sitzbäder auf. Medizinische Bäder, die bestimmte Leiden kurieren sollten, wurden eingerichtet.

Wasserlieferanten

Anfang des 19. Jahrhunderts war Sauberkeit wieder zeitgemäß, betraf aber noch einen kleinen Teil der besseren Gesellschaft mit nur ein oder zwei Bädern pro Jahr. 1860 erfand ein Belgier für Napoleon III.die erste Zinkbadewanne. In Ermangelung fließenden Wassers und eines Aufzugs wurde das heiße Wasser vom Wasserlieferanten hochgetragen, der oft auch die leere Badewanne anlieferte. Der Rest der Bevölkerung musste sich mit öffentlichen Bädern in Flüssen und Seen zufriedengeben. Die erste Warmbadeanstalt des europäischen Kontinents mit insgesamt 32 Badewannen wurde am 5. April 1855 am Schweinemarkt in Hamburg eröffnet.

Die Kunst des Badens

Die ersten Boiler, eigentlich einfache, mobile Kocher, kamen 1875 auf. Man befestigte sie über der Wanne im Badezimmer. Die Metallbadewanne (aus galvanisiertem Blech oder emailliertem Gusseisen) wurde allgemein verfügbar. Ein Speziallack, der auf das Blech aufgetragen wurde, ermöglichte die Herstellung preislich günstiger Badewannen. In Frankreich und dem Vereinigten Königreich entstand eine regelrechte Badekunst, die aber erst noch die privilegierten Klassen betraf. Man übernahm von den Briten, den Vorreitern auf diesem Gebiet, besonders luxuriöse Möbel: Badewannen aus Gusseisen mit Löwenfüßen oder Adlerkrallen, bemalte Porzellanwaschbecken, Bidets, die sich in Möbeln aus verziertem Holz verstecken. Das Badezimmer ähnelte einem Boudoir, geschmückt mit mannigfaltigen Bändern, Volants und Zierrat, bespannt mit pastellfarbenen Bezügen, behängt mit Teppichen und möbliert mit Kommoden, Ankleidespiegeln aus facettiertem Glas, Möbeln und ausziehbaren Toilettentischen, in denen man das Becken nach Gebrauch verbarg.
Um den Verkauf anzukurbeln, boten die Hersteller den Installateuren Miniaturen ihrer Fabrikate an, die genau die Anschlüsse der Rohre zeigten.

Das Badezimmer

Um die Jahrhundertwende wurden auf Hygieneausstellungen, die sehr funktionellen amerikanischen Badezimmer und die ersten Porzellan- und Keramikbadewannen vorgestellt. Ab 1910 werden Badezimmer zu richtigen Räumen außerhalb der Zimmer, mit Badewanne, Bidet und Waschbecken und gefliesten Wänden. Mit dem Art déco änderten sich die Formen. Schluss mit Schnörkeln, der Stil orientierte sich an der Antike: Waschbecken mit Säulenfuß, Badewanne mit unterteilten Flächen, klassische Armaturen. Man kehrte zur Schlichtheit zurück.

Die Wandlung der Waschschüssel

Lange war das Waschbecken nur eine simple Waschschüssel, die von drei Metallfüßen getragen wurde, auf denen ein Wasserkrug oder eine Kanne stand. Anfang des 19. Jahrhunderts bettete man das Waschbecken in vierfüßige Mahagonitische ein. Sehr ausgefeilte Designs, von denen die elegantesten mit beweglichen Spiegeln und kleinen Seitenbänken versehen waren. Später entwickelt sich das Möbelstück weiter: Ein Vorratsbehälter ersetzte den Krug, die Waschschüssel wurde auf einem Fuß befestigt und ließ sich zum Ausleeren kippen. Später wurde sie mit einem Loch versehen, das durch einen kleinen, von Hand zu betätigenden Stöpsel verschlossen wurde. Anfang des 20. Jahrhunderts galt alle Aufmerksamkeit dem Waschbecken. Es

4.

5.

6.

7.

1.

2.

3.

1 und 2. Die Toiletten wurden oft mit den gleichen Motiven wie Waschbecken und Badewannen verziert.

3. Kleines, verziertes Brunnenwaschbecken zur Befestigung an der Wand.

4. Ausschnitt aus *Le Bain* (Das Bad) von Alfred Stevens, 19. Jahrhundert.

5. Lieferung einer Badewanne in Neuilly, um 1900.

wurde in Eichen-, Kastanien-, Nussbaum- oder Ulmenmöbel eingebettet und mit Messing-, Knochen- oder Elfenbeingriffen versehen. Aus feinem Porzellan hergestellt, wurde es mit Motiven nach englischer Art in Blau und Altrosa, mit bunten Blumen und Vögeln verziert. Mit dem Einzug des fließenden Wassers bettete man die Waschschüssel zunächst in ein Möbelstück, befreite sie später aber wieder davon und machte sie zu einem festen Waschbecken mit Wasserhähnen. Damals war es allgemein weiß, hatte ein oder zwei abgerundete Becken, saß am Anfang des Jahrhunderts auf einem geriffelten Säulenfuß und später, in den 1930er-Jahren nur noch auf einem einfachen, ungemusterten Fuß in geometrischer Form.

Die Geburtsstunde des Bidets

Im 18. Jahrhundert bezog das Bidet bei Adligen und Kurtisanen Quartier. Es wurde bald mit dem Beinamen »Schenkelwasserbecken« versehen und schnell überall gebräuchlich. Es bestand aus einer Porzellan- oder Fayenceschüssel, die, reich verziert, auf vier Füßen steht. Man erfand sogar ein Doppelbidet, das gleichzeitig von zwei Personen benutzt werden konnte und ein Reisebidet aus Metall mit abschraubbaren Füßen. Es dauerte allerdings bis Mitte des 19. Jahrhunderts, bis das Bidet sich auch in den bürgerlichen Haushalt integrierte und bis ins 20. Jahrhundert, bis es zu einem unverzichtbaren Teil des Badezimmers wurde und sich in Form und Farbe dem Waschbecken und der Badewanne anpasste.

Toiletten und Wasserspülungen

Nach einigen zögerlichen Versuchen – Wasserversorgung, Abfluss in einer abgedichteten Kanalisation, Abortgruben – wurden Nachttöpfe erst Mitte des 19. Jahrhunderts zu Sitzschüsseln. Und doch hatte schon 1595 der englische Dichter John Harrington, ein Neffe von Königin Elizabeth I., ein Spülsystem erfunden, das das einzige seiner Art blieb, da sich erst 1775 der Engländer Alexander Cunnings eine Wasserspülung patentieren ließ und erst 1778 ein dritter Engländer, Joseph Bramah, die Klappen- und Siphonmechanik erfand, wie sie auch heute noch gebräuchlich ist.

Man installierte nach und nach water-closets, in Frankreich toilettes genannt. Erst ausgelagert auf dem Treppenabsatz von Mehrfamilienhäusern mit einem Schlüssel pro Mieter, hielten sie kurz vor dem Ersten Weltkrieg Einzug ins Innere der Häuser und wurden, aus Scham oder Höflichkeit, mit einer doppelten, sogenannten »Antipups-Tür« versehen.

Badezubehör

Ende des 19. Jahrhunderts war das Badezimmer zu einem eigenständigen Raum geworden, man wollte ihm den gleichen Glanz verleihen wie den anderen. Zuerst kümmerte man sich um die Wasserhähne – die Zeit ist vom Überfluss geprägt: Die Toilettentische sind übervoll mit Kristallflakons, mit Silbergarnituren, Necessaires aus Elfenbein und Handtuchhaltern auf Ständern. Erst in den 1920er-Jahren verschwanden all diese Accessoires aus funktionalen Gründen. Hersteller boten nunmehr Waschbeckenkonsolen, Handtuchhalter, Zahnputzbecher und Zierstücke aus Porzellan an, die man an der Wand befestigen konnte. Diese Serienfabrikate mussten pflegeleicht und schnörkellos sein.

TIPPS FÜR SAMMLER

Sanitäranlagen aus den Jahren 1900–1930 sind in Verkaufshallen und bei spezialisierten Händlern leicht zu finden.

Trotzdem Vorsicht: Einige Stücke müssen komplett neu emailliert werden, was sehr kostspielig werden kann; außerdem sind alte Badewannen sehr schwer und können nicht überall installiert werden. Gleichermaßen sollten Sie Sanitäranlagen bevorzugen, die noch ihre Armaturen und Abflussrohre haben, ein geeignetes Stück anzupassen, ist oft heikel bis unmöglich.

Fragen Sie außerdem Ihren Klempner, ob das Material, aus dem Ihre Badewanne oder Ihr Waschbecken besteht, an Wasserleitungen angeschlossen werden kann.

4.

5.

1.

Armaturen

Ende des 19. Jahrhunderts erhielten auch Privathaushalte einen Wasseranschluss und Wasserhähne hielten ihren triumphalen Einzug in Küchen und Bäder. Materialien und Verzierungen, nichts war zu schön für die Neuankömmlinge.

Vor gar nicht allzu langer Zeit gab es kein fließendes Wasser. Der Brunnen am Ende des Gartens war lange Zeit die einzige Wasserquelle für Bewohner auf dem Land gewesen. Mehrmals am Tag gingen sie dort ihre Eimer füllen, die nahe dem Brunnen aufgereiht waren. Zusätzlich sammelten Tonnen unter der Dachtraufe Regenwasser. Auf den Dörfern war der Brunnen der Treffpunkt der Bevölkerung. Am Flussufer wuschen die Frauen ihre Wäsche auf dem Waschbrett. Wasser hielt wie ein soziales Gewebe zusammen.

Die ersten Dampfpumpen

1777 betrieben die Brüder Périer, zwei technische Ingenieure, den ersten öffentlichen Wasserverteiler. Sie installierten Dampfpumpen, »Feuerpumpen« genannt, um Wasser aus der Seine in die verschiedenen Viertel von Paris zu befördern, sie bauten Brunnen für die Bescheideneren und ein kostenpflichtiges Versorgungsnetz für die Reicheren. Diese unterschrieben ein Abonnement, das ihnen täglich 260 Liter Wasser in den Speichern unten im Haus garantierte, doch das System zur Wasserbeförderung in die oberen Etagen, auch vom Unternehmen Périer angeboten, mussten sie zusätzlich zahlen.

Im Jahr 1778 wurde die Pariser Wassergesellschaft gegründet und 1788 eine zweite Maschine in Betrieb genommen. Doch das Unternehmen Périer geriet in große Schwierigkeiten und wurde von der Stadt übernommen. Trotz all dieser Fortschritte blieb das aus der Seine gewonnene Wasser zu wenig und vor allem extrem verschmutzt: Epidemien nehmen zu, die Bevölkerung stirbt an Typhus und Cholera. 1854 fordert die Cholera mehr als elftausend Tote in Paris. Im Sommer herrscht oft Knappheit, die Pariser verdursten, während die Polizei gegen Unruhestifter vorgehen muss, die sich rund um die Brunnen sammeln.
In England wurden in den 1830er-Jahren Kanalisation und Wasserversorgung in größerem Umfang per Gesetz geregelt.
In Berlin markiert 1856 den Beginn der zentralen Wasserversorgung, vorerst realisiert durch ein englisches Privatunternehmen.

Die Druckrohrleitungen des Baron Haussmann

Mitte des 19. Jahrhunderts wurde nur jedes fünfte Haus in Paris bedient und erst als Baron Haussmann Präfekt des Départements Seine wurde, wurde die Wasserversorgung der Hauptstadt komplett neu

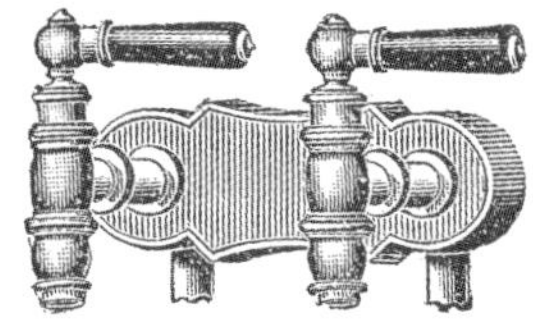

2.

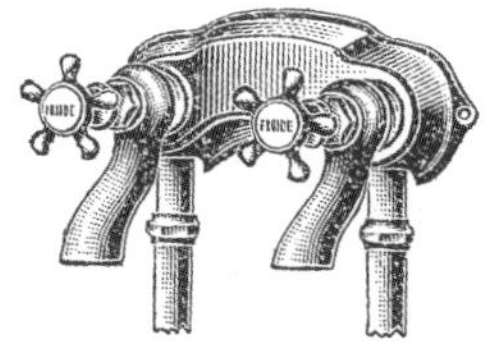

3.

1. Wasserhähne vom Anfang des 20. Jahrhunderts: Diese Stücke von einzigartiger Qualität wurden nicht maschinell produziert und können noch restauriert werden.

2. Badewannenarmatur aus vernickeltem Kupfer für Niedrigdruck.

3. Badewannenhähne aus vernickeltem Kupfer.

1.

1. Hähne aus vergoldeter Bronze mit Vogelköpfen.

2. Tierkopf-Wasserhahn mit Hebel: zweifellos eine handgearbeitete Kreation.

3. Kupferbadewanne mit Armatur aus den 1930er-Jahren.

4. Metallverbindung bei diesem Modell mit Schwanenhälsen.

5. Typisch für alte Wasserhähne: ein beschrifteter Porzellanknopf.

Folgende Doppelseite

Altes Bad, das wie ein Wohnzimmer eingerichtet ist.
Die Holzverkleidungen sorgen für eine warme Note.

geregelt. Für die Umorganisation wandte Haussmann sich an den Ingenieur Eugène Belgrand. Die Stadt sollte mit Quellwasser versorgt werden, das weit weg von Paris geschöpft wurde und das der Trinkwasserversorgung der Einwohner vorbehalten war. Für den restlichen Bedarf sollte das Flusswasser reichen. Diese Trennung der Dienste wurde am 12. Januar 1855 vom Stadtrat angenommen, wenn auch mit Zögern: Die Anwohner fürchteten die Austrocknung ihrer Quellen, die Zuleitungskosten waren enorm und manche Ärzte priesen die Vorteile von Flusswasser für ihre Patienten.
Dennoch blieb Haussmann standhaft und schon 1865 führte eine nahe Condé-en-Brie gelegene Quelle einem auf den Höhen von Ménilmontant gebauten Reservoir täglich etwa 20 000 Kubikmeter zu. Als Belgrand 1878 starb, wurden jeden Tag 448 000 Kubikmeter Wasser verteilt, davon 126 000 Quellwasser. Aber das Wasser reichte immer noch nicht in die oberen Stockwerke. Erst die kostenlose Einrichtung von Druckrohrleitungen 1880 ließ die Einwohner nach und nach in den Genuss von Wasser zu Hause kommen: Noch im gleichen Jahr warteten fast eine Million Menschen in Paris auf ihren Anschluss.

Neue Gießtechniken

Ende des 19. Jahrhunderts führten die Gießereien neue Techniken ein, um die Nachfrage zu bedienen. 1886 schuf Saint-Gobain das erste Rohr zur Wasserleitung aus Gussmetall. Alle Aufmerksamkeit galt den Wasserhähnen: Das zeitgemäße Dekor wie Delphinköpfe, Schwanenhälse oder Karpfenschwänze, aber auch die handwerkliche Technik, die diese Kunstwerke zu wahren technischen Spitzenleistungen machte, geplant, um mindestens ein Jahrhundert zu halten.
In den 1920er-Jahren war die Industriekunst auf ihrem Höhepunkt, Armaturen wurden fortan in Serie produziert. Die Nachfrage stieg immer mehr, die Gießereien boten Dutzende in Katalogen aufgeführte Modelle an. Sicher waren die Preise ab da wesentlich günstiger, doch die Qualität auch um einiges geringer.

TIPPS FÜR SAMMLER

Vor den 20er-Jahren wurde Wasserhähne handwerklich mit unvergleichlicher Technik und Sorgfalt hergestellt. Stücke aus dieser Zeit können problemlos von spezialisierten Klempnern restauriert werden. Diese können auch das ganze defekte System ersetzen und sogar originalgetreue Anpassungen durchführen (Warmwasserregler oder Handbrause). Allerdings sollten Sie bei Wasserhähnen, die aus der Zeit nach 1920 stammen, aufpassen: Sie wurden in Serie produziert, sind vielleicht beschädigt und sind oft nicht wieder instand zu setzen, denn Ersatzteile, Gewinde und Aufsätze, sind nicht mehr verfügbar und der Anschluss oft unmöglich.

2.

3.

4.

5.

1.

Herde und Spülbecken

Jahrhundertelang ist der Kamin die einzige Kochstelle gewesen. Im Mittelalter befand sich die Küche auf Herrschaftssitzen aus Sicherheitsgründen oft in einem separaten Gebäude: In der Mitte dieses runden Raums zog ein Kamin Rauch, Wärme und Gerüche nach oben ab. Im 14. Jahrhundert wurden die Räume eckig und enthielten oft zwei oder vier sich gegenüberstehende, an den Wänden liegende Kamine, in die man Kessel und Drehspieße platzierte. Dort herrschte höllische Hitze und man musste sich dauernd über die Feuerstelle beugen oder sich hinknien, um den Kochvorgang zu überwachen.

Steinherde

Zu Beginn des 17. Jahrhunderts kam der Steinherd auf: Eine Konstruktion aus Stein oder Mauerwerk, auf der man Gemüse in Töpfen kochte. Ein echter Komfort für die Köche, die stehen bleiben konnten, ohne Verbrennungen zu riskieren. Lange Zeit gehörten Verbrennungen am Herdfeuer zu den häufigsten Todesursachen. Mit der Verbreitung der geschlossenen Feuerstelle Ende des 18. Jahrhunderts war eine regelrechte Revolution zu beobachten. Diese neuen, im Gussverfahren hergestellten Herde, die Steinherde, machten sicheres Kochen und sparsames Heizen möglich. Sie waren die Vorgänger der Küchenherde.

Von 1889 an entwickelte sich dieser rudimentäre Herd, eine Art Fläche mit Aushöhlung auf drei Beinen, schnell. Die industrielle Ära ist auf ihrem Höhepunkt und Gießereien fertigen in Serie neue Geräte, darunter auch den Herd mit seiner Heizoberfläche, auf der gleichzeitig mehrere Speisen gekocht werden können. Ein unerhörter technischer Fortschritt, der dennoch nur wohlhabenden Bürgern vorbehalten blieb und dem man vor allem auf dem Land skeptisch gegenüberstand: der Herd kochte angeblich zu schnell und zerstörte den Geschmack der Speisen. In den 1920er-Jahren heizte und kochte man noch viel mit Holz oder Kohle, doch Anfang des 20. Jahrhunderts revolutionierte der Anschluss der Häuser an die Gasversorgung das häusliche Leben. 1835 bereits brachte Robinson einen ersten gasbetriebenen Kochapparat auf den Markt und zwei Jahre später meldete Merle ein Patent für eine sogenannte »Gasküche« an.

Geräte in Serie

In den großen Gießereien wurden Öfen und Herde in Serie gebaut. Brennmaterial erfuhr eine unvergleichliche Begeisterung und die mit schwerer Ausrüstung beladenen Gasproduktionsfirmen organisierten einen mobilen Verkauf in den ländlichen Regionen. Anfangs gab es noch Kochtische und separate Öfen, aber sehr schnell fand der integrierte Küchenherd seinen Platz. Speziell Küppersbusch in Deutschland und Godin in Frankreich vervielfachten ihre Produktion. 1914 produzierte die Gießerei rund 50 000 Geräte jährlich, darunter zahlreiche Herde.

1908 erfand Albert Dupuy, Heilkrauthändler und Parfumeur, einen kleinen Ofen, der seinen professionellen Bedürf-

2.

1. *La Cuisine carrelée* (Die geflieste Küche), Illustration von Harry Bush, 1954.

2. Elektroherd aus den Gießereien von Rosières: Modelle, die in Serie produziert und in Katalogen angeboten wurden.

1.

2.

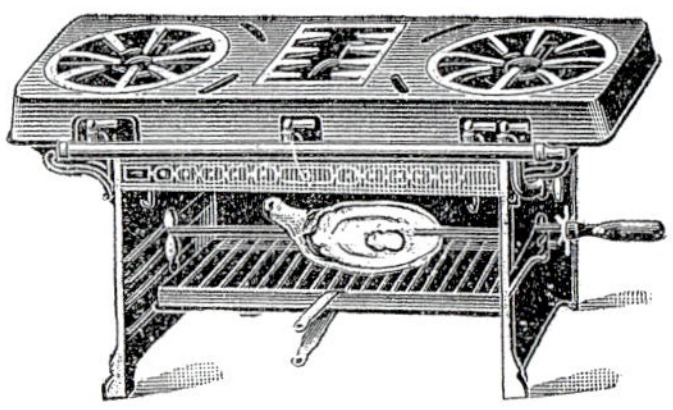

3.

1. Kleiner Ofen auf Füßen mit drei Platten mit Kupfergriffen.

2. Kohlebackofen mit zwei Platten und einem Ofen.

3. Schwarzer Gasherd aus Gusseisen mit Ofen, vier Verbrennern und drei beweglichen Gittern, davon eins für das Bügeleisen.

4. Alte Küche. An der gefliesten Wand hängen Töpfe und Pfannen. Darunter ein Steinherd.

5. Großer Küchenkamin, in dem man Speisen kochte.

6. Steinspüle. Auf dem Land wurden sie oft maßgefertigt, rechteckig oder quadratisch und mit sehr niedrigem Rand.

7. Dieses rustikale Spülbecken aus Feldstein wurde zu Stauraum umgewandelt.

nissen entsprach. Er kaufte ein Erfinderpatent und brachte einen gewölbten Ofen auf den Markt, den »Bräter-Bäcker« mit Gaszirkulation; die Marke »La Cornue« war geboren. Eine Innovation, die sich wie Lauffeuer verbreitete: Faure, Deville, Arthur Martin, die schwedische Firma Aga, die Manufaktur Robert, alle produzierten Gasherde.

Die Verzierungen kombinierten in dieser Zeit Guss, Emaille und Keramikfliesen. Die Rahmungen der Türen waren aus Kupfer, die Stangen zum Handtüchertrocknen aus Messing, die Griffe aus Porzellan und die Füße bearbeitet. Der Jugendstil erblickte das Licht der Welt und brachte die Keramik in alle Arten von Kreationen ein. Das Bürgertum hatte ein Faible dafür. Zahlreiche Künstler kreierten von der Natur inspirierte Dekors in schillernden Farben. Jeder Fabrikant hatte seine eigenen Muster: Blumen, Pflanzen, Voluten und, seltener, Tiermotive. Aber die Verbreitung anderer Materialien wie Aluminium oder rostfreiem Edelstahl beendeten das Interesse an Gebrauchskeramik.

Steinspülen

In Regionen mit reichen Steinvorkommen harten Steins beschränkte sich die Verwendung von Stein nicht auf den Boden. Besonders auf dem Land schnitt man ihn in Massen zu, um daraus Viehtränken für den Bauernhof oder Spülbecken für die Küche zu machen. Das Gestein aus der Bourgogne oder aus den Ardennen, ein sehr dichter Kalkstein, wurde ausgiebig in der Spülenherstellung verwendet. Alte Steinspülen wirken oft sehr rustikal, da sie von Hand behauen und mit dem Steinschneidemesser oder einem Meißel in immer kleinere Stücke geteilt wurden. Sie sind oft unregelmäßig und haben die unterschiedlichsten Größen, da sie zur Anpassung an die Küche nach Maß gefertigt wurden. In alten Häusern sind sie oft sehr niedrig angebracht, weshalb man sie heute anheben muss. Feinere Stücke sind aus handpoliertem Marmor und haben einen schönen Glanz, mit Wasserbecken und Abtropfgestell. Spülbecken aus ländlichen Regionen, in der Regel rechteckig oder quadratisch, haben eine sehr niedrige Kante und seltener eine Aushöhlung wie ein Wasserbecken, während die tiefen Viehtränken mit sehr hohen Rändern ausgestattet sind.

TIPPS FÜR SAMMLER

Die sehr dekorativen Herde vom Anfang des 20. Jahrhunderts sind sehr gefragt. Einige Spezialisten können sie fast vollständig restaurieren, bis auf eine Ausnahme: Öfen aus Gussmetall, die oft Sprünge haben. Ein Punkt, den es beim Kauf also ernsthaft zu beachten gilt. Ein Brennholzherd kann hingegen für Gas oder Strom angepasst oder sogar mit einem Mehrzweckofen (mit Mikrowelle zum Beispiel) ausgestattet werden, ohne dass er verfälscht wird. Alle Dekors können identisch wieder hergestellt werden.

Nachgemachte Spülbecken

Aufgrund ihrer Ausmaße sind alte Spülbecken oft ziemlich schwer anzupassen. Einige Antiquitätenhändler bieten handgefertigte Nachahmungen aus behandeltem Stein an: Stein ist immer anfällig für Porosität und diese Behandlung schützt ihn vor Tiefenverschmutzungen.

4.

5.

6.

7.

1.

2.

Fliesen

Im 16. und 17. Jahrhundert durchstreiften die Mitglieder der Indienkompanien den asiatischen Kontinent auf der Suche nach Möbeln, Gewürzen und Stoffen. In ihrem Gepäck brachten sie auch chinesisches Porzellan mit nach Europa, dessen Verzierung starken Einfluss auf die Töpfer hatte. Die sogenannten Majolika-Fliesen mit ihren warmen Farben wurden sehr beliebt.

1 und 2. Intarsienfliesen: Eine Technik, die bis ins Mittelalter zurückgeht und Mitte des 19. Jahrhunderts wieder erstarkte. Sie zieren Küchen, Bäder, Herde und Öfen, aber auch Fassaden und Eingänge an Häusern.

Der Einfluss aus Delft

In Holland war die Keramikindustrie auf ihrem Höhepunkt und hatte einige Schwierigkeiten, auf die Anfragen aus ganz Europa zu reagieren. Sehr schnell schufen die Holländer auch ihre eigenen, mit der Hand gemalten Motive, bei denen blau und weiß dominierten: Tulpen, Blumentöpfe, ländliche Szenen und Tiere.

In Frankreich ließen sich Töpfer aus Italien in Rouen und Lyon nieder, wo sie die ersten Fliesen mit Fayence-Überzug herstellten. Dieses neue Material ermöglichte die Produktion von weniger dicken und leichteren Modellen als mit Terrakotta, und man konnte es also für die Wand verwenden, um sich gegen Feuchtigkeit zu schützen.

Nevers wurde bald zum Zentrum der französischen Spitzenproduktion von Fayencen. Die mehrfarbigen oder schattierten Verzierungen waren noch von Italien inspiriert. Dennoch blieb der chinesische Einfluss durch die Modelle der Delfter Fabrik erhalten. Zu Anfang hatte die holländische Fabrik die geniale Idee gehabt, ihre Fayencen wie Porzellan aussehen zu lassen. Das berühmte Blau war vom Einfluss des chinesischen Ming inspiriert: Spezialisten können übrigens Stücke aus dem 17. Jahrhundert anhand der Blauschattierungen identifizieren. Und doch sind nicht alle Fayencen aus Delft blau. Es gibt auch rote und goldene, die sich am japanischen Imari orientieren, schwarze sowie lackierte, rosafarbene im Stil von Meissener Porzellan. Delfter Fayence wurde oft imitiert, in Holland und in Belgien. Im 17. und 18. Jahrhundert war die Reputation von Delft so groß, dass Töpfer in ganz Europa das Privileg erbaten, Fayencen »nach Delfter Art« produzieren zu dürfen.

Trotzdem konnte sich der französische Stil nach und nach etablieren: Fayencen-Hersteller überarbeiteten die Muster, erfanden originelle Designs und fügten lebhaftere Farben wie gelb und orange hinzu.

Französische Fabriken

Im 18. Jahrhundert vervielfachten sich die Fayencen-Fabriken: Rouen, Moustiers, Saint-Jean-du-Désert, Lille und Desvres. Im 19. Jahrhundert wurde die Fliesenherstellung beträchtlich. Britische Künstler und Architekten wie William Morris oder Charles Voysey (beide Mitglieder der Arts-&-Crafts-Bewegung) entwarfen dekorative Wandfliesen. Der berühmteste Schöpfer der Epoche, William de Morgan, verzierte

1. Alte, zweifarbige Wandverfliesung. Fischgrät- und Schachbrettmuster machen das Dekor besonders originell.

seine Fliesen mit Blumen- und Tiermotiven in Farben wie in Persien oder der Türkei. Man fing an, die Fliesen an Öfen und Kaminen anzubringen, dann sehr schnell auch in Badezimmern, Rauchsalons und Ankleidezimmern von Privathäusern. Ende des Jahrhunderts kreierte François Fourmaintraux, ein Fayencen-Hersteller aus Desvres, große Schilder für den Handel: Die Wände von Metzgereien, von Cafés, Fischgeschäften und die Terrassen und Badezimmer der Bürgerhäuser wurden mit diesen großen Mustern geschmückt.

Richtung Mechanisierung

Anfang des 19. Jahrhunderts war die Fliesenherstellung zur Gänze Handarbeit: eine Fliese ging rund zwanzig Mal durch die Hände des Arbeiters. Fliesen wurden von Hand in Holz- und später Gussmetallformen gepresst, die mit Eisen eingefasst waren. Der Arbeiter kratzte den Überschuss ab, legte die Fliese zum Trocknen und schnitt sie auf die richtige Größe zu. Die ersten mechanischen Pressen kamen erst Ende des Jahrhunderts auf.

Anschließend wurden die Fliesen in Öfen gebrannt, die mit Holz und ab 1860 auch mit Kohle betrieben wurden, nachdem sie in ein Emaillebad getaucht worden waren. Man malte zuerst den Untergrund mit einem Schwamm an, dann wurde das Dekor frei Hand mit einem Pinsel aus den Haaren von Kuhohren oder mit einer Schablone aufgetragen. Um Schablonen herzustellen, benutzte man eine zurechtgeschnittene Zinkform oder ein einfaches Blatt Papier mit Löchern, die Zeichenschablone, über das man mit einer mit Holzkohle gefüllten Kugel fuhr. So erschienen die zu zeichnenden Muster in Schwarz. Diese Technik wurde erst Ende des Jahrhunderts aufgegeben, als die ersten Kompressoren aufkamen, die die Farbe durch die Schablone spritzten.

In den 1920er-Jahren wurden die Fliesen, die auf Kaminen und in Privatküchen Einzug gehalten hatten, auch im Badezimmer üblich, wo der Art-déco-Stil sehr in Mode war. Trotzdem waren die Verzierungen eher traditionell und machten nur selten das Leitthema eines Raumes aus.

Fliesen aus Desvres

Im 18. Jahrhundert unterlag die Manufaktur im nordfranzösischen Desvres dem starken Einfluss aus Delft. Der erste Fayencen-Hersteller aus Desvres pflegte die Zusammenarbeit mit einem Maler aus Holland. Man findet viele Motive in dem berühmten Blau wieder. Der Eintritt von François Fourmaintraux fächerte die Farbpalette weiter auf: 1882 sollte das Unternehmen mehr als hundert Motive anbieten. Von 1900 bis 1930 konnten mit der Zellenschmelz-Technik (franz.: »email cloisonné«) sehr unterschiedliche, malerische Effekte erzielt werden. Dazu wurden auf einer Grundplatte aus Edelmetall Stege in Form von flachgewalzten Drähten in Form gebogen, hochkant aufgelegt und verlötet. Die so entstandenen Zellen wurden mit Emaille aufgefüllt.

Zwischen 1925 und 1935 benutzte man einen Hochtemperaturofen. Die sehr solide Fliese begeisterte zuerst öffentliche Unternehmen (Eisenbahngesellschaft, Post), Hotels und Restaurants und bald die breite Öffentlichkeit. Die Fliesen wurden bei 1000 °C gebrannt, was eine ausgezeichnete Emaille-Qualität und etwa sechsundvierzig Farbtöne ergab, darunter Blautöne von unerhörter Feinheit.

Azulejos

Die Azulejos (arabisch: »kleine polierte Steine«) wurden von den Arabern nach Spanien eingeführt und hatten einen beachtlichen Erfolg in Portugal. Zuerst hatten sie geometrische Formen. Die dicken Fayencefliesen mit ihrer subtilen Farbvielfalt variieren in Smaragdgrün, sattem Gelb, Fes-Blau, Weiß und Graphitschwarz. Mitte des 16. Jahrhunderts besaß Portugal schon seine eigenen Ateliers, wo Verzierungen auf einen glatten Grund gemalt wurden. Im 17. Jahrhundert tauchten kleine Fliesen auf. Erst waren sie gelb, blau und grün, wurden aber schnell zugunsten des Blaus der vollendeten Azulejos aufgegeben, die weiße und blaue Motive im Delfter Stil trugen. Anfang des 18. Jahrhunderts schmückten Paläste, Kirchen und Klöster enorme Flächen mit Azulejos, die Schlacht oder Genredarstellungen, religiöse oder mythologische Szenen zeigen. 1755 zerstörte ein heftiges Erdbeben die meisten Fabriken, doch die Nachfrage in Europa war immer noch groß und einige Fabriken konnten die Herstellung fortführen. Nach kurzer Pause kehrte die Mode Mitte des 19. Jahrhunderts dank der Arbeit brasilianischer Einwanderer zurück.

Intarsienfliesen

Diese Fliesen weisen ein Motiv auf, das in die Masse eingelassen ist. Die Technik geht bis ins Mittelalter zurück: Man schnitzte ein Reliefmotiv in einen Holzblock und druckte ihn auf ein Stück feuchten Ton. Anschließend füllte man die Aushöhlung mit weißem Ton auf, dann wurden die Fliesen lackiert und schließlich gebrannt. Zu dieser Zeit waren die Symbole häufig christlich, da die Fliesen sehr oft dem Schmuck in kirchlichen Gebäuden dienten. Mitte des 19. Jahrhunderts kamen sie wieder in Mode, besonders dank einem englischen Unternehmer, Herbert Minton, der sie im großen Stil produzierte und in die ganze Welt exportierte. Der Erfolg war beträchtlich; Bürgertum und Mittelstand benutzten sie, um die Fassaden, Eingänge und Vordächer ihrer Häuser zu schmücken.

Fliesen in der Metro

Bei der Erbauung der Metro im Jahr 1905 wandte sich der französische Staat an das Unternehmen Boulenger in Choisy-le-Roi, um die Wände der ersten Stationen fliesen zu lassen. Hunderte Arbeiter stellten glatte naturweiße Fliesen her.

Später übernahm die Fayencerie von Giens im Loire-Gebiet den Markt und schuf die berühmten abgeschrägten weißen Fliesen, die übrigens »Metro-Fliesen« genannt werden, die man noch bei einigen Antiquitätenhändlern und Trödlern findet oder auch als originalgetreue Nachahmung bei zahlreichen Herstellern.

TIPPS FÜR SAMMLER

An den kleinen Löchern auf der Rückseite des Stücks, die durch den Ansaugeffekt der Emaille auf dem Ton verursacht wurden, kann man »echte« alte Delfter Fayence erkennen.

Beweisen Sie Geduld!

Antiquitätenhändler und Trödler für Baustoffe haben oft stapelweise alte Fliesen. Beweisen Sie Geduld und schauen Sie sich die Fliesen einzeln an: Sie könnten gesprungen oder an der Kante beschädigt sein. Schließlich sollten Sie noch an den Bruch beim Verlegen denken und nur für den Fall immer 10 Prozent zusätzlich kaufen.

2.

2. Auswahl von Fliesen aus Desvres. Man erkennt den Einfluss von Delft: Ein holländischer Maler, Van der Plas, war einer der ersten Partner der Fayence-Fabrik. Zu bemerken ist hier das berühmte Blau, das den Erfolg der Fliesen ausmachte.

Adressen

Antike Baumaterialien
Rainer W. Leonhardt
Schustehrusstr. 20–22
10585 Berlin
Telefon: 030.34 21 048
Breitestr. 59
16727 Marwitz
Telefon: 03304.20 26 70
www.rainer-w-leonhardt.de
Holzfußböden, Türen, Ziegelprodukte

Antike Bauelemente
Wolfram Liebchen
Lehrter Str. 25/26
10557 Berlin
Telefon: 030.394 30 93
www.antike-bauelemente-berlin.de
Türen, Treppengeländer, Fliesen, Parkett

Altberliner Bauelemente
Bernhard Müller
Dorfstr. 25
14621 Schönwalde-Glien
Telefon: 03322.23 39 07
www.altberliner-bauelemente.de
Türen, Öfen, Parkett, Treppen, Fenster, Balkon, Fliesen, Stuck, Messing

Historische Bauelemente
Olaf Elias
Bärenklauer Weg 2
16727 Marwitz
Telefon: 03304.50 22 42
www.historische-bauelemente.com
Öfen und Kamine, Fenster, Treppengeländer, Natursteine, Türen, Badewannen uvm.

Spolia
Michael Fritz – Historische Baustoffe
Reinfelder Str. 2
23845 Bahrenhof
Telefon: 0451.89 10 60
www.spolia.de
Dielen, Türen, Backstein, Sandstein

Historische Baustoffe
Mathias Jürgensen
Kalleby 43
24972 Quern
Telefon: 04632.18 84
www.hbmj.de
Mauerziegel, Türen, Treppen

Historische Baustoffe
Ingo Selent
Hausberger Str. 9 a
32457 Porta Westfalica
Telefon: 0571.91 19 283
www.historische-baustoffe-selent.de
Brunnen, Dachsteine, Dielen, Türen, Fenster, Badewannen, Gitter

Thomas Knapp
Historische Baustoffe GmbH
Am Bahnhof 1
37627 Deensen
Telefon: 05532.13 20
www.knapp-online.de
Dielen, Fenster, Mosaikfliesen, Dachziegel, Dachstuhlholz

Stein und Eisen
Friedhelm Murkovic
Franzosenstr. 42
46539 Dinslaken
Telefon: 02064.98 875
www.steinundeisen.com
Fliesen, Tore, Gartendekor

Schaar Historische Baustoffe
Geilingsweg 7
47506 Neukirchen-Vluyn
Telefon: 02845.13 67
www.schaar-historische-baustoffe.de
Kamine und Öfen, Böden, Mauerziegel, Fenster

Historische Baustoffe
Heidi Schlüter
Am Roggenkamp 1
48527 Nordhorn
Telefon: 05921.36 413
www.histo-nordhorn.de
Sandsteine, Backsteine, Tröge, Bodenplatten, Fliesen, Dachziegel

Historisches Baumaterial
Klaus Marquart & Matthias Metz
Industriestr. 36 a
49191 Belm
Tel: 05406.57 02
www.dieabbeizzentrale.com
Türen, Klinken, Beschläge

Mairose Schlösser
Gewerbepark Scharrenbroich
Walter-Arendt-Str. 16-18
51503 Rösrath
Telefon: 02205.24 37
www.tueren-antik.com
Türen, Brunnen und Tröge, Böden

Antike Böden Kölnberger GmbH
Martin Kölnberger
Gut Hausen, Hausener Gasse
52072 Aachen
Telefon: 0241.13 271
www.antikeboeden.de
Parkett, Kamine, Treppen, Steinböden, Brunnen, Badewannen

Historische Türen
Norbert Dieter
Mühlenstr. 5
55452 Windesheim
Telefon: 06707.96 10 99
www.dieter-historische-tueren.de
Türen, Tore, Zäune, Beschläge

Schreinerei Jürgen Zmelty
Dinkholder Mühle
Im Weiertal 2
56112 Lahnstein
Telefon: 02621.92 28 42
www.dinkholder-muehle.de
Türen, Fenster, Holzböden

weinzierl.com
Leben mit schönem Material
Antje Weinzierl
Rathausstrasse 9
61348 Bad Homburg
Telefon: 06172.95 12 22
www.weinzierl.com
Parkett, Steinböden, Fliesen, Beschläge, Türen, Heizkörper

Anno tobak
Historische Baumaterialien
Hubert Gropp-Mühle
Ludwigstr. 38
67165 Waldsee
Telefon: 06236.547 85
www.annotobak.de
Türen, Fenster, Parkett, Steinböden, Sandsteine

Kreislauf Kirchheim
Dipl. Ing. Wolfgang Bloos
Dettinger Str. 92
73230 Kirchheim/Teck
Telefon: 07021.95 85 55
www.kreislaufkirchheim.de
Türen, Treppen, Fenster, Beschläge, Gitter, Tore, Zäune, Fließen, Holzböden, Heizung, Dachziegel

Jürgen Schaubhut
Historische Baustoffe
Mühlweg 11
74564 Crailsheim
Telefon: 07951.22 015
www.schaubhut.com
Türen, Böden, Brunnen und Tröge, Knäufe, Öfen, Treppen, Fenster uvm.

Casa Verde GmbH
Franckensteinstr. 1
77749 Hohberg-Hofweier
Telefon: 07808.949 30
www.casaverdegmbh.de
Holzböden, Fliesen, Brunnen, Kamine, Säulen, Tore, Badewannen

Habitarte
Georgia Wittmaack
Historische Bauelemente
Schauerstr. 7
80638 München
Telefon: 089.17 16 07
www.habit-arte.com
Kamine, Badewannen, Parkett, Treppen, Steinböden, Mosaikfliesen, Öfen uvm.

Antiklager
Roggenbuck & Schmid GbR
Schmutterstr. 8b
86420 Diedorf
Telefon: 08238.96 50 72
www.antiklager.net
Dachziegel, Dielen, Zäune und Tore, Fenster, Türen, Öfen, Beschläge, Badewannen

Antikwerk GmbH
Marc Pollack und Stefan Heise
Gut Glaserhof
86488 Breitenthal
Telefon: 08282 82 87 41
www.antikwerk.com
Türen, Tore, Dielen, Steinböden, Dachziegel, Fenster, Zäune

Historische Baustoffe Winfried Ulm
Schloßgasse 12
91438 Bad Windsheim
Telefon: 09841.65 02 62
www.schloss-ickelheim.de
Dielen, Türen, Beschläge, Steinböden

Sägewerk
Ing. Georg Schuh
Atzgersdorfer Str. 255
A-1230 Wien
Tel: 0043.1.888 42 47
www.saegewerk-schuh.at
Brunnen, Fliesen, Türen, Ziegel

Casa Keiser
Seefeldstr. 5
CH-5616 Meisterschwanden
Telefon: 0041.56.667 48 07
www.casakeiser.ch
Parkett, Kamine, Steinböden

Bildquellen

Alle Fotografien sind von Pierre Elmerich bis auf:
© Christian Sarramon: S. 2, 6,10, 16, 18, 30, 32, 40, 43 ul, 44, 48, 50, 51 o, 57o, 59 ul, 59 ur, 63 or, 63 ur, 64, 68, 73 ul, 75, 76, 77, 81, 88 o, 89 ol, 89 ur, 90, 91, 92, 94, 98, 104, 105, 108, 117, 118–119, 122, 124, 127 ol, 127 u, 130, 134, 139, 140, 155 ul, 158, 169 ul, 169or, 170–171, 175, 178;
© CDT Aube: S. 63 ul; © Pascal Chagot: S. 81 or; © Collection MA / Kharbine Tapabor: S. 10 r; © Condor Vision / CDT Aube: S. 54; © Delance P./Explorer/Eyedea: S. 84; © Godin: S. 174 l, 174 M; © J-M Gourdon / CDT Aube: S. 56; © Heritage Images / Leemage: S. 163 ul, 172; © Kharbine Tapabor / collection S.Kakou: S. 165 u; © D. Lefranc – coll CDT84: S. 34; © D. Le Neve / Ville de Troyes: S. 57 u; Christophe Meyer / CDT Aube: S. 59 ol, 61, 62; © Musée de la Céramique de Desvres: S. 179; © ND / Roger-Viollet: S. 59 or; © Photo RMN / Daniel Arnaudet: S. 86; © Photo RMN / Gérard Blot: S. 127 or; © Photo RMN / DR: S. 14; © Photo RMN / Thierry Le Mage: S. 123; © Photo RMN / Hervé Lewandowski: S. 85, 96, 116, 137 ol, 143, 165 o, 197; © Photo RMN / Franck Raux: S. 79, 115; © Photothèque Hachette: S. 25, 27, 41,
128-129, 173; © J. L. Seille – coll CDT 84: S. 52; © Selva / Leemage: S. 58, 70; © Volevatch – La Baignoire délirante: S. 160, 161, 163 or.

Die in diesem Werk abgebildeten Stiche stammen aus den folgenden Katalogen:
Bakewell & Mullins, Victorian Architectural Sheet - Metal Ornaments; E. Barberot, Traité pratique de serrurerie, Paris und Liège, 1925; H. Grave, Travaux en fer forgé, 1881; Établissements A. Durenne, 19. Jahrhundert; Manufacture française d'armes et cycles de Saint-Étienne; W. und J. Welldon, The Smith's Right Hand, London, 1765.
Die Dokumente auf den Seiten 93, 100 und 101 stammen aus den folgenden Katalogen:
Marquet frères; Perrusson und Desfontaines, Anfang 20. Jahrhunderts.

Danksagung

Ein großes Dankeschön für ihre freundliche Aufnahme und wertvollen Ratschläge an Samuel Roger von Origines, Nicolas Beboutoff von Salles de bains rétro, Serge Volevatch von Baignoire délirante, Georges Wrobel von Light & Glass Moineau, Eddy Coencas von Alphamétal sowie an das Keramikmuseum in Desvres und die Tourismusausschüsse der Départements Aube und Vaucluse.
Dafür, dass sie uns großzügig ihre Türen geöffnet haben, geht Dank auch an Marie-Pierre Alizay, Sophie Jeantot und Philippe Thévenin, Lionel Monroe, Yves und Marie-Thérèse Balloffet, Jérôme Mongeville, Corinne Milles, Serge und Martine Gautier, die als Baumeister auf Konstruktionen mit alten Baumaterialien spezialisiert sind, an Geneviève und Albert Gamal sowie Robert Bouiller, Konservator am Museum Alice-Taverne in Ambierle.
Schließlich noch ein Dankeschön an das Magazin Aladin für seine bemerkenswerten Beiträge.

Aus dem Französischen übersetzt von Victoria Weidemann
Redaktion und Herstellung: Annika Preyhs, Berlin
Korrektur: Helga Linsbauer
Umschlaggestaltung: Caroline Daphne Georgiadis, Daphne Design

www.christian-verlag.de

Die Originalausgabe mit dem Titel *Matériaux d´autrefois* wurde erstmals 2007 im Verlag Editions du Chêne – Hachette Livre veröffentlicht.

Text: Christine Comte
Fotos: Pierre Elmerich, Christian Sarramon
Redaktionsleitung: Odile Perrard, unter Mitwirken von Clara Engel, Laurence Beaux und Karine Hamelin
Künstlerische Leitung: Sabine Houplain
Layout und Design: Ellen Göger und Nadine Postel
Lithographie: Quadrilaser

Druck und Bindung: South China Printing Co., Hongkong
Printed in China

ISBN 978-3-88472-797-3

Hinweis

Alle Informationen und Hinweise, die in diesem Buch enthalten sind, wurden von der Autorin nach bestem Wissen erarbeitet und von ihr und dem Verlag mit größtmöglicher Sorgfalt überprüft. Unter Berücksichtigung des Produkthaftungsrechts müssen wir allerdings darauf hinweisen, dass inhaltliche Fehler und Auslassungen nicht völlig auszuschließen sind. Für etwaige fehlerhafte Angaben können Autorin, Verlag und Verlagsmitarbeiter keinerlei Verpflichtung und Haftung übernehmen.
Korrekturhinweise sind jederzeit willkommen und werden gerne berücksichtigt.